1939-1945
WORLD WAR TWO

AUTORE

Francesco Mattesini , nato ad Arezzo il 14 aprile 1936, Francesco Mattesini, nato ad Arezzo il 14 aprile 1936, residente a Roma dall'estate 1951, ha prestato servizio, tra il febbraio 1958 e il luglio 1999, presso il IV Reparto dello Stato Maggiore dell'Esercito. Studioso ed esperto di guerra aeronavale, ricercatore abile e meticoloso, membro della Società di Storia Militare e dell'Associazione di Documentazione Marittima e Navale, già attivo collaboratore del Giornale d'Italia per il quale ha curato la rubrica "Verità Storiche", ha scritto, svelando molti retroscena, numerosissimi articoli di carattere politico-militare su quotidiani e stampa specializzata, ed ha pubblicato, con editori privati, i volumi "La battaglia d'Inghilterra"; "Il giallo di Matapan"; "La battaglia aeronavale di mezzo agosto"; e con coautore, soltanto per la parte politica, il Prof. Alberto Sanoni, "La partecipazione tedesca alla guerra aeronavale nel Mediterraneo", alla seconda edizione, (2005), di cui ha curato tutta la parte della ricerca, operativa, statistica e grafica.

Nel 2019 Mattesini ha pubblicato: "Luci e ombre degli aerosiluranti italiani Agosto 1940 - Settembre 1943; "La battaglia aeronavale di mezzo-agosto, Il concorso delle forze italo-tedesche all'operazione britannica "Pedestal. 10–15 agosto 1942"; Punta Stilo Luglio 1940,80° Anniversario della Prima Battaglia Aeronavale della Storia; La Decisione di Mussolini di occupare la Grecia; e La notte di Taranto.

Collaboratore dell'Ufficio Storico dell'Aeronautica, per il quale ha realizzato, "Le direttive tecnico operative di Superaereo", che includono, in quattro volumi, i principali documenti espressi dall'Organo Operativo dell'Arma aerea italiana tra l'aprile del 1940 e il settembre 1943, e il volume l'"Attività aerea italo - tedesca nel Mediterraneo. Il contributo del X Fliegerkorps", alla sua seconda edizione (2003), riveduta ed ampliata. Per l'Ufficio Storico della Marina, dopo aver ricevuto l'incarico di effettuare una severa e precisa revisione storica dei libri pubblicati negli anni 1950-1980, Mattesini ha pubblicato "La battaglia di Punta Stilo, "Betasom. La guerra negli oceani" (entrambe le opere integrate con nuovi elementi alla seconda edizione), "La battaglia di Capo Teulada", "L'operazione Gaudo e lo scontro notturno di Capo Matapan", "La Marina e l'8 settembre", in due Tomi, e i primi quattro volumi della collana "Corrispondenza e direttive tecnico-operative di Supermarina", che riguardano il periodo 1939-1941. Consegnato per la stampa il terzo volume, in quattro Tomi, ma non ancora stampato dall'USMM. Sempre per l'Ufficio Storico della Marina, Mattesini ha compilato, ad uso interno, importanti statistiche sulle perdite navali degli Alleati nella seconda guerra mondiale, in parte pubblicate a puntate sul Bollettino d'Archivio dell'Ufficio Storico della Marina Militare, di cui è stato assiduo collaboratore, con la realizzazione di sessanta grossi saggi, molti dei quali particolarmente importanti ed esaustivi.

PUBLISHING'S NOTES

LICENSES COMMONS

For a complete list of Soldiershop titles please contact Luca Cristini Editore on our website: www.soldiershop.com or www.cristinieditore.com. E-mail: info@soldiershop.com

Titolo: **I CONVOGLI PQ.18 E QP.14** Code.: **WTW-042** Di Francesco Mattesini.
ISBN code: 978-88-932794444 prima edizione febbraio 2023 (ebook ISBN 9788893279468)
Lingua: Italiano Nr. di immagini: 111 dimensione: 177,8x254mm Cover & Art Design: Luca S. Cristini

WITNESS TO WAR (SOLDIERSHOP) is a trademark of Luca Cristini Editore, via Orio, 33/D - 24050 Zanica (BG) ITALY.

WITNESS TO WAR

I CONVOGLI PQ.18 E QP.14

UN DUELLO AERONAVALE FINITO ALLA PARI NEI MARI DI GROENLANDIA E DI BARENTS

PHOTOS & IMAGES FROM WORLD WARTIME ARCHIVES

FRANCESCO MATTESINI

INDICE

▲ Nave da battaglia tedesca Tirpitz. Bogenfjord Norvegia 1942. Courtesy Bunsdesarchiv.

1) *Come si giunse a realizzare i convogli di rifornimento degli anglo-americani ai Sovietici per la rotta dell'Artico.*

L'invasione tedesca dell'Unione Sovietica iniziata il 22 giugno 1941 diede alla Gran Bretagna, ardentemente anticomunista, un alleato che era ritenuto improbabile e che costituì durante il conflitto un grosso problema. Perché occorse rifornire il nuovo partner, con sforzi enormi che per di più comportavano di percorrere grandi distanze nel trasporto delle merci attraverso tre vie di comunicazione; ossia facendole passare da Vladivostok e la Siberia, rotta poi chiusa nel dicembre 1941 agli Alleati per l'entrata in guerra del Giappone; per la lunghissima rotta dell'Iran, attraverso il Capo di Buona Speranza, con percorso marittimo di ben 15.000 chilometri, per poi proseguire via terra fino al Caucaso; e naturalmente per la più breve rotta Artica che portava i rifornimenti nella Russia settentrionale. Quest'ultima, la rotta più pericolosa, avveniva sotto la protezione della Marina di Sua Maestà, che già si trovava in difficoltà per le molte esigenze che aveva in ogni mare del mondo, oltre alle perdite che subiva nell'Atlantico e in particolare nel Mediterraneo.[1]

A parte le differenze politiche, il Primo Ministro britannico Winston Churchill riteneva che qualsiasi nazione in guerra con la Germania fosse già un alleato e meritava aiuti, sia dalla Gran Bretagna sia dagli Stati Uniti. Gli impegni dell'Inghilterra in altre parti del mondo precludevano l'offerta di manodopera o il sequestro dell'iniziativa. Per ora, l'unico aiuto disponibile era un flusso costante di rifornimenti, che le due nazioni Alleate dovettero assumersi l'onere delle grosse perdite che ne derivarono, specialmente nella primavera ed estate del 1942.

I primi convogli inviati nella Russia settentrionale per la rotta dell'Artico, con sigle da PQ.1 al PQ.6, raggiunsero la destinazione con piccole perdite trasportandovi, con 44 navi da carico, 800 aerei da caccia, 750 carri armati, 1.400 camion, 100.000 tonnellate di munizioni e altre merci importanti. I tedeschi, per essere in grado di combattere i convogli in modo più efficace, impostarono un cambiamento nella struttura di comando in Norvegia. La Kriegsmarine creò nella base di Kirkenes, il Comando dell'Ammiraglio Settore Nord, assegnandolo al vice ammiraglio Hubert Schmundt. La Luftwaffe, che teneva con la 5ª Luftflotte il controllo del settore della Scandinavia e Finlandia, aveva quale responsabile per il Settore Nord il colonnello pilota Alexander Holle, e nella primavera del 1942, aumentò notevolmente la sua aggressività.

Nel maggio del 1942, con l'arrivo dalla Scuola Aerosiluranti di Grosseto (Italia) del 1° Gruppo del 26° Stormo Aerosiluranti (I./KG.26), che si aggiunsero ai bombardieri del 30° Stormo Bombardamento (KG.30), e ai Gruppi Costieri 406 e 906 (1./K.Fl.Gr.406 e 1./K.Fl.Gr.906), il colonnello Holle poteva disporre operativi di un totale di centotre bombardieri Junker Ju 88, cinquantasette aerosiluranti Heinkel He 111 e He 115, e trenta bombardieri in picchiata Junkers Ju 87. Inoltre, c'erano settantaquattro aerei per la ricognizione del mare, di varie Squadriglie, tra cui tre da Ricognizione Strategica, la

---

[1] Questo libro è un aggiornamento approfondito dell'Autore al suo saggio, *Il convoglio PQ.18 "Operazione EV". Un duello aeronavale finito alla pari nei mari della Groenlandia e Barents 3 – 21 Settembre 1942*, postato nella pagina di Francesco Mattesini in *academia edu*.

1.(F)/120 e la 1.(F)/124, con Ju.88D e la 10./KG.40 con FW.200 "Condor". Le basi aeree più importanti si trovavano nell'estremità settentrionale della Norvegia, a Bardufoss, Banak e Tromsø.

Due petroliere in navigazione nella nebbia nel Mare Artico.

Due navi mercantili arrivate con carichi di riforniomento per i russi in un ancoraggio dellla Penisola di Cola. In primo piano il cacciatorpediniere britannico *Inglefield*.

In questo settore la Kriegsmarine, già dall'inizio di gennaio aveva trasferito le principali navi della Flotta, comprendenti la modernissima corazzata *Tirpitz*, l'incrociatore da battaglia *Scharnhorst*, la corazzata tascabile *Admiral Scheer*, gli incrociatori pesanti *Lutzow* e *Prinz Eugen*, l'incrociatore leggero *Koln* e cinque cacciatorpediniere, tolti al fronte dell'Atlantico perché Hitler temeva uno sbarco degli Alleati in Norvegia, che considerava *"la zona del destino"*.[2]

---

[2] David Woodward, *La tana della Tirpitz*, Mondadori, Milano, 1972, p. 71.

Le condizioni del ghiaccio su un incrociatore britannico di scorta ad un convoglio diretto nel nord della Russia.

Con le asce si cerca di aprire un varco sui ponti delle navi.

Di fronte a questo concentramento di forze nemiche, che avevano cominciato a operare con una certa vivacità e buoni risultati fin dall'inizio del 1942, affondando tra l'altro nel maggio i grandi incrociatori britannici *Edinburgh* e *Trinidad* (il primo colpito da due siluri dal sommergibile *U-456* (tenente di vascello Max-Martin Teichert) e poi finito con un siluro dal cacciatorpediniere tedesco *Z-24* il 2 maggio, il secondo silurato dal cacciatorpediniere *Z-26* e poi finito dai bombardieri Ju.88 del III./KG.30 il 15 maggio), il comandante della Home Fleet, ammiraglio John Tovey, voleva cancellare, contro il parere del Primo Ministro britannico Winston Churchill, parte dei convogli quindicinali che erano stati promessi a Stalin per la rotta artica.

L'incrociatore *Edinburgh* che fu silurato dal sommergibile *U-456* e poi finito dal cacciatorpediniere tedesco *Z-24* il 2 maggio 1942. La nave trasportava un carico d'oro, pagamento dei sovietici agli statunitensi e ai britannici per le forniture militari ed economiche.

L'incrociatore *Trinidad* ripreso dal cacciatorpediniere *Fury* presso l'Islanda durante la scorta ad un convoglio per l'Artico con tempo nebbioso. Fu silurato dal cacciatorpediniere tedesco *Z-26* e poi affondato da un bombardiere Ju.88 del III./KG.30 il 15 maggio 1942.

Tuttavia, questa pretesa non poteva prevalere sulla parola del Primo Ministro data ai sovietici, e il 15 luglio, proprio mentre stava terminando la sfortunata missione del PQ.17, Churchill dette l'ordine di provvedere alla preparazione dei nuovi convogli all'ammiraglio Tovey, il quale poi disse che se i convogli dovevano *"continuare per ragioni politiche"* occorreva aspettarsi altre *"perdite molto gravi"*.

Per di più, il presidente degli Stati Uniti Franklin Delano Roosevelt, aveva ordinato che le scorte navali del Mare Artico dovevano essere reclamizzate al pubblico per documentare il legame che legava l'America con l'Unione Sovietica. Pertanto i convogli, per quanto possibile non rallentarono il loro ritmo, anche se davanti alle perdite del convoglio PQ.16 nel mese di maggio, il successivo convoglio PQ.17 partì alla fine di giugno dopo un mese e mezzo dalla sua tragedia.

2) La pianificazione del convoglio PQ.18

Dopo che nel luglio 1942 il convoglio PQ 17, era stato sciolto prematuramente dall'Ammiragliato britannico, a causa della possibile minaccia delle navi di superficie tedesche, e che aveva poi subito pesanti perdite, quantificate nell'affondamento di ventitré navi mercantili e di una nave salvataggio, durante la preparazione di un nuovo convoglio per la Russia settentrionale, il PQ.18, che doveva attraversa il Mare di Groenlandia e il Mare di Barents per poi superare la Penisola di Cola e raggiungere il porto di Archangelsk (Arcangelo), si verificò una pausa nell'invio di un altro convoglio. Essa si rese necessaria per consentire a un potente nucleo di navi della Home Fleet, comprendente le portaerei *Victorious* e *Furious*, le corazzate *Nelson* e *Rodney*, i grandi incrociatori della 18ª Divisione *Nigeria*, *Kenya*, *Manchester* e una ventina di cacciatorpediniere, di partecipare nel Mediterraneo alla grande Operazione "Pedestal".

Essa ebbe inizio il 2 agosto, e si prolungò per due settimane, con le navi che attraversarono l'Atlantico per poi proseguire nel Mediterraneo, allo scopo di scortare un grosso convoglio di quattordici grosse e veloci navi mercantili denominato WS.21/S, salpato da Clyde (Scozia sud-occidentale). Lo scopo era di raggiungere e rifornire l'accerchiato baluardo dell'isola di Malta, considerata dal Governo britannico il fulcro della strategia britannica nel Mediterraneo e nel Medio Oriente.

Poiché per l'operazione "Pedestal" erano state fatte arrivare navi perfino dall'Oceano Indiano, comprendenti la portaerei *Indomitable* con tre grossi cacciatorpediniere, e furono mobilitate le unità dislocata a Gibilterra, tra cui la portaerei *Eagle*, con l'allontanamento della *Victorious* e della *Furious* le uniche portaerei della Home Fleet, non restavano forze sufficienti per scortare il nuovo convoglio PQ.18, che in effetti si mise in movimento all'inizio del mese di settembre, quando rientrarono le navi, in gran parte malconce, che avevano operato nel Mediterraneo, pagando con prezzo altissimo.

Nei giorni tra l'11 e il 14 agosto, si ebbe una serie di attacchi impressionanti delle forze aeronavali dell'Asse, che portarono, con azioni dall'intensità crescente diurna e notturna ai seguenti risultati.

Fu affondata dal sommergibile tedesco *U-73* la portaerei *Eagle*, e fu danneggiata gravemente dai bombardieri in picchiata tedeschi Ju. 87 del I./St.G.3 la portaerei

Indomitable. Fu colpita da due bombe da 630 chili, sganciate da due caccia italiani Re.2001 la portaerei *Victorious*, che fu fortunata perché le bombe, sganciate da quota bassissima, non esplosero ma deflagrarono per la mancata attivazione della spoletta, e l'unità riportò soltanto danni non gravi, o così fu annunciato allora. Fu colpita la corazzata *Rodney* da una bomba da 500 chili che esplose a poca distanza in mare dopo essere slittata sulla robusta corazza di una torre di grosso calibro da 406 mm, sganciata da uno Ju.87 italiano del 102° Gruppo Tuffatori. Furono affondati gli incrociatori *Cairo* e *Manchester* e il cacciatorpediniere *Foresight*, il primo dal sommergibile italiano *Axum*, il secondo dalla motosilurante italiana *MS-22*, che attaccò assieme alla *MS.16*, il terzo dagli aerosiluranti italiani S.79 del 132° Gruppo. E infine furono silurati e gravemente danneggiati altri due incrociatori della Home Fleet, il *Nigeria* e il *Kenya*, dai sommergibili italiani *Axum* e *Alagi*, e ciò metteva definitiva o temporaneamente fuori combattimento i tre incrociatori della 18ª Divisione della Home Fleet. Infine in un'azione di diversione nel Mediterraneo centro-orientale, la torpediniera italiana *Pegaso* affondò il sommergibile *Thorn*.

Agosto 1941 ad Argenta, Terranova, a bordo dello yacht presidienzale *Potomac*. La stesura della Carta Atlantica. Seduti Roosevelt e Churchill. In piedi da sinistra l'ammiraglio King, il generale Marchall, il generale Dill, l'ammiraglio Stark e il Primo Lord del Mare britannico ammiraglio Pound.

Quanto al convoglio WS.21/S, che comprendeva tredici grandi piroscafi veloci e la modernissima petroliera *Ohio*, anch'essa silurata dal sommergibile *Axum*, esso perse ben dieci delle sue quattordici navi, di cui cinque affondate dagli aerosiluranti (una ricevette il colpo di grazia dal sommergibile italiano *Bronzo*) e dai bombardieri He.111 e Ju.88 del II Fliegerkorps, quattro dalle motosiluranti e dai mas italiani. E infine andò perduta anche l'*Ohio*, la terza nave silurata con un unico lancio di quattro siluri dal sommergibile *Axum*, che per i danni riportati anche in successivi attacchi aerei tedeschi e italiani, essendo stata ripetutamente colpita, affondò all'arrivo a Malta, spezzandosi in due tronconi. Ciò avvenne subito dopo aver scaricato il suo importante carico di 11.500 tonnellate di prodotti petroliferi, compresa la benzina per gli aerei che era particolarmente attesa dalla RAF dell'isola.[3]

Con il rientro a Scapa Flow delle unità navali, i preparativi per l'invio del convoglio PQ.18 in Russia, operazione in codice denominata "EV", furono accelerati, sotto la direzione dell'ammiraglio John Tovey, Comandante della Home Fleet a Scapa Flow e pertanto anche responsabile per la preparazione e la pianificazione del percorso dei convogli artici. Anche Tovey era tenuto sotto pressione da Winston Churchill, che avendo promesso a Joseph Stalin di inviare continui rifornimenti all'Unione Sovietica, spingeva perché arrivassero a destinazione, con le minori perdite possibili, le navi cariche di armi e di mezzi aerei e terrestri da combattimento, in gran parte provenienti dagli Stati Uniti e dal Canada.

L'ammiraglio Tovey, nel pianificare l'Operazione "EV", che comportava oltre alla scorta del convoglio PQ.18 anche quella di proteggere un convoglio di ritorno dalla Russia, il QP.14 (Operazione "Gearbox Two"),[4] era in gran parte informato correttamente sulla composizione delle forze navali tedesche in Norvegia dall'organizzazione criptografica Ultra. Ma quello che lo preoccupava maggiormente era il gruppo navale della *Tirpitz*, gemella dell'affondata *Bismarck*, una delle corazzate più moderne e potenti del mondo, ritenuta superiore alle contemporanee corazzate britanniche tipo "King George V", come lamentò Winston Churchill con l'Ammiragliato, responsabile della loro progettazione e costruzione. Inoltre per la nuova operazione Tovey non poteva contare sull'aiuto della Marina statunitense, come avvenuto nella scorta del convoglio PQ.17, perché le sue corazzate moderne *Washington* e *North Carolina*, armate con cannoni da 406 mm che avrebbero fatto la differenza nei confronti della *Tirpitz*, servivano nel Pacifico, mentre le navi tedesche mostrarono nel mese di agosto una certa aggressività nel Mare di Cara, attaccando gli obiettivi navali dei sovietici che, senza disporre in zona di incrociatori e con pochi cacciatorpediniere, non potevano fare molto per opporsi.

In realtà, delle forze navali tedesche presenti nei porti della Norvegia Settentrionale facenti parte del Gruppo Navale Nord della Kriegsmarine al comando dell'ammiraglio Otto Schniewind, ai primi di settembre la *Tirpitz*, l'incrociatore pesante *Lutzow* e tre cacciatorpediniere si trovavano in riparazione, mentre l'incrociatore da battaglia *Scharnhorst* per grandi lavori non fu disponibile fino al marzo 1943. Le uniche modeste forze disponibili per un intervento navale erano al momento la corazzata tascabile *Admiral Scheer*, l'incrociatore pesante *Admiral Hipper*, l'incrociatore leggero *Köll* e i sei cacciatorpediniere, *Z-4 Richard Betzen*, *Z-16 Friedrich Eckholdt*, *Z-23*, *Z-27*, *Z-29* e *Z-30*, al comando del vice ammiraglio Oskar Kummetz.

---

[3] Francesco Mattesini, *La Battaglia Aeronavale di Mezzo Agosto*, Edizioni dell'Ateneo, Roma, 1986.

[4] L'abbreviazione dei convogli PQ e QP derivava dalle iniziali di un ufficiale del Comando Operazioni dell'Ammiragliato, il capitano della fregata Philip Quellyn Roberts. La numerazione era continua. Da PQ.1 a PQ.17, viaggiando verso est, i convogli si erano susseguiti ad una distanza media di 17 giorni; da QP.1 a QP.13, viaggiando verso ovest, la distanza media era stata tra i 12 e i 22 giorni. Per il convoglio PQ.18, a causa dell'Operazione "Pedestal", il tempo intercorso dal PQ.17 fu di ben due mesi.

La corazzata tedesca *Tirpitz* all'ancora in un fiordo norvegese. Era il terrore della Royal Navy, che era costretta a scortare ogni convoglio per la Russia con almeno due corazzate moderne del tipo "King George V", per tenergli testa.

Maggio 1942, ad Hvalfjord in Islanda. La corazzata statunitense *Washington* all'epoca in cui partecipò alla protezione del convoglio PQ.17. Dietro l'incrociatore pesante statunitense *Wichita* e, mimetizzato, l'incrociatore pesante britannico *Norfolk*.

Vi erano poi a Bergen quindi sommergibili della 11ª Flottiglia tipo VIIC, al comando del capitano di fregata Hans Cohausz, i soli che vennero impiegati con un certo successo. Dodici di essi, tutti nel gruppo "Eispalast", furono ripartiti nella ricerca del PQ.18 in tre nuclei, ed erano: 1°) *U-88, U-403, U-405.* 2°) *U-377, U-408, U-589, U-592.* 3°) *U-378, U-435, U-456, U-457, U-703.*

Luglio 1942. I sommergibili tedeschi dell'11ª Flottiglia, *U-251*, *U-255* e *U-408*, al rientro dai successi sulle navi del convoglio PQ.17 all'arrivo nella base norvegese di Bergen.

3) *L'inizio della navigazione del convoglio PQ.18*

Il convoglio PQ.18, al comando del commodoro (contrammiraglio della riserva) Edye Kington Boddam-Whetham, imbarcato sul piroscafo *Temple Arch*, si componeva inizialmente di quaranta navi mercantili (undici britanniche, venti statunitensi, sei sovietiche e tre panamensi), che includeva la nave mercantile catapulta aerei *Empire Morn*, che trasportava sulla catapulta all'estrema prora un caccia Hawker Hurricane Mk I. Ma dopo la partenza del convoglio, il 2 settembre da Loch Ewe, all'estremità nord-occidentale della Scozia, il piroscafo statunitense *Beauregard* ebbe un problema alle macchine e rientrò in porto. Restarono così trentanove navi che, ripartite in dieci colonne furono inizialmente protette, con rotta nord verso l'Islanda, da un gruppo di scorta locale del Comando dei Western Approaches (approcci occidentali), comprendente i sette cacciatorpediniere *Campbell*, *Eskdale*, *Farndale*, *Mackay*, *Montrose*, *Echo* e *Walpole*, e i quattro perscherecci armati (trawler) *Duncton*, *Hugt Walpole*, *King Sol* e *Paynter*.

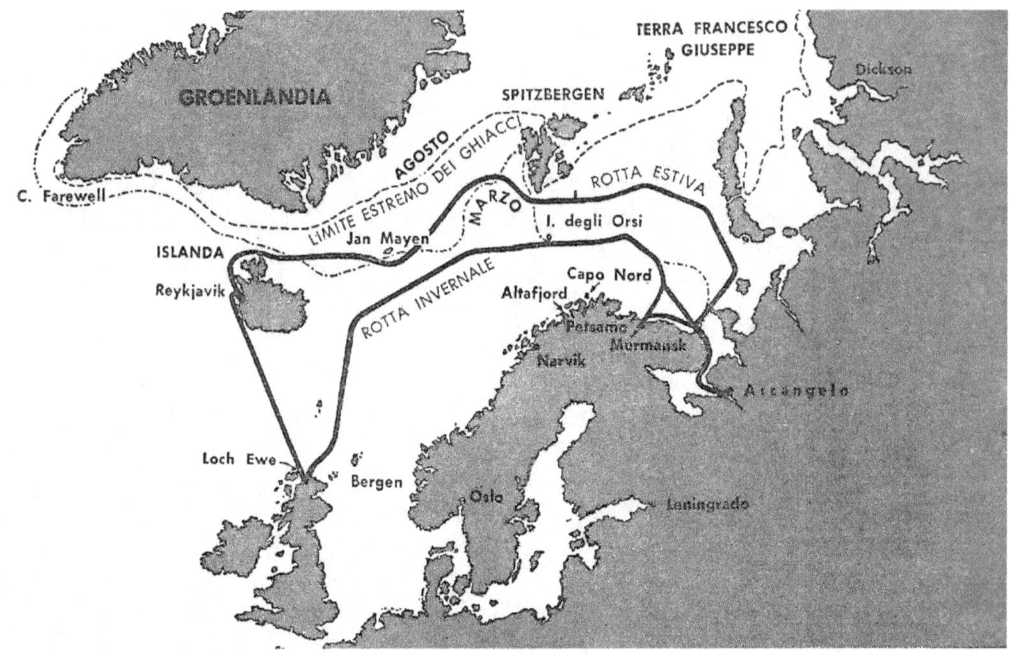

Le rotte dei convogli per la Russia settentrionale, estive e invernali.

A iniziare dall'alba del 3 settembre, il convoglio ebbe la copertura di una scorta antisommergibile del Comando Costiero (Coastal Command) della RAF, prima con decollo dal nord della Scozia e poi dall'Islanda; e ciò si verificò ininterrottamente per nove giorni, senza che si verificassero perdite, sebbene il convoglio, con tempo bello, fosse stato avvistato l'8 settembre da un idrovolante da ricognizione tedesco Blohm & Voss BV.138 Seedrake (dragone del mare) del 700° Gruppo Costiero, all'altezza dell'Isola Jan Mayen.

Nel frattempo però, il 7 settembre, tre delle navi mercantili del convoglio erano state dirottate per Reykiavik, e si ebbe il cambio della scorta ravvicinata, con unità salpate dall'ancoraggio islandese di Hvalfjörður, e vi fu in contemporaneità l'arrivo di altre otto navi mercantili dall'Islanda. In tal modo il numero dei mercantili salì a quarantaquattro, mentre invece secondo le relazioni britanniche, e nei vari racconti, appaiono sempre quaranta. Seguì il 9 settembre l'arrivo di un secondo gruppo unità di scorta, che includeva la portaerei di scorta *Avanger* (il vendicatore) e l'incrociatore *Scylla*, della classe „Dido".

A questo punto, il convoglio PQ.18 proseguì la sua lunga navigazione di quasi due settimane, trattandosi di navi da carico non troppo veloci, passando con velocità costante di 9 nodi e con rotta nord-est a oriente della Groenlandia (900 km ad ovest delle basi aeree tedesche nel nord della Norvegia) fino a sud delle Isole Spitzbergen,[5] per poi puntare a sud-est per aggirare la Penisola di Cola e entrando nel Mar Bianco raggiungere le destinazioni di Murmansk e Arcangelo.

---

[5] Spitzbergen era il nome olandese delle isole (Jagged Mountains) fino al 1925, quando divennero Svalbard (norvegese) col Trattato delle Svalbard.

Idrovolante da ricognizione tedesco Blohm und Voss BV 138.

Ma vediamo ora quali erano le forze navali destinate alla sua protezione, e poi ad assumere quella del convoglio di ritorno QP.14, diretto ad ovest dopo il suo passaggio dall'isola degli Orsi, destinandovi una divisione di cinque incrociatori e quattro cacciatorpediniere al comando del vice ammiraglio comandante della 18ª Divisione Incrociatori, inviata a Low Sound nelle Isole Spitzbergen, dove essa si trasferì, rifornendo le forze norvegesi che vi erano dislocate.

***

Dopo il cambio delle unità di scorta nelle acque dell'Islanda il 7 settembre, la scorta diretta del convoglio PQ.18, al comando del capitano di Fregata Archibald Boyd Russell sul cacciatorpediniere *Malcolm*, era costituita da diciannove unità, comprendenti i cacciatorpediniere *Malcolm*, *Achates* e *Amazon*, le navi ausiliarie contraeree *Alynbank* e *Ulster Queen*, le corvette, *Bergamot*, *Bryony*, *Bluebel*, *Camelia*, i trawler, *Cape Argona*, *Cape Mariato*, *Daneman*, *St Kenan*, i dragamine *Harrier*, *Gleaner* e *Sharpshooter*, e i moto dragamine *MMS-90*, *MMS-203* e *MMS-212*. Vi si aggiunse, con partenza da Seidisfiord nell'Islanda orientale, la portaerei di scorta *Avanger* (che imbarcava dodici caccia Hurricane I dell'802° e 883° Squadron, equamente ripartiti, e tre velivoli Swordfish dell'825° Squadron per il servizio antisom), con i due cacciatorpediniere di scorta *Wheatland* e *Wilton*. Furono inoltre aggiunti alla scorta due sommergibili, il *P-614* e il *P-615*, nell'idea che la loro presenza, notata dai ricognitori tedeschi, avrebbe dovuto scoraggiare il Comando navale tedesco all'uso di grosse navi di superficie. I due sommergibili, salpati da Lerwick raggiunsero il convoglio a mezzogiorno del 10 settembre.

La tragedia del convoglio PQ.17 aveva la sua genesi nella convinzione dell'ammiraglio Tovey che andare a scortare con la sua Squadra da battaglia i convogli artici oltre l'Isola degli Orsi, entrando nel Mar di Barents non era conveniente; perché impegnava per la scorta in mare alle sue grandi navi da battaglia un gran numero di cacciatorpediniere per molto tempo, ed egli preferiva usarli in gran numero per rafforzare le scorte di un convoglio, che in caso di attacco di navi di superficie potessero impiegare efficacemente nella difesa delle navi mercantili i loro lanciasiluri, in modo da essere abbastanza forti da sconfiggerle. Erano poi utili per assicurare un'efficace scorta contraerea e antisommergibile. Mantenendo fede a questa sua convinzione, e sottovalutando forse la lezione del PQ.17, il Primo Lord del Mare incaricò il contrammiraglio Robert Lindsay Burnet, Comandante dei cacciatorpediniere della Home Fleet, di impiegare per la scorta al convoglio PQ.18 sedici delle sue unità. Esse dovevano scortare all'andata il PQ.18 e al ritorno il QP.14. Era la più grande scorta di cacciatorpediniere mai impiegata per la protezione ravvicinata di un convoglio per la Russia, mentre nel Mediterraneo per la scorta al convoglio dell'Operazione "Pedestal" i cacciatorpediniere impegnati erano stati trenta.

La forza di cacciatorpediniere comprendeva: l'incrociatore *Scylla*, con otto cannoni a doppio uso navale e contraereo da 114 mm a tiro rapido, dove s'imbarcò il contrammiraglio Burnet, e i sedici cacciatorpediniere di squadra, suddivisi in due eguali forze separate:

la Forza A con *Onslow* (capitano di vascello Harold Thomas Armstrong), *Onslaught, Opportune, Offa, Ashanti, Eskimo, Somali, Tartar*;

la Forza B con *Milne* (capitano di vascello Ian Murray Robertson Campbell), *Marne, Martin, Meteor, Faulknor, Intrepid, Impulsive* e *Fury*.

Prima di partire da Scapa Flow, i cacciatorpediniere, che nel convoglio PQ.18 e nel successivo convoglio di ritorno QP.14 costituivano la scorta di appoggio, furono visitati dal Primo Ministro britannico che intese con ciò incoraggiare il morale dei loro equipaggi.[6]

La partenza dei cacciatorpediniere, che raggiunsero il convoglio il 9 settembre, avvenne dopo che si erano riforniti di nafta e di munizioni, e dopo una conferenza di dettaglio del contrammiraglio Burnet con tutti comandanti.

Il Primo Ministro Winston Churchill a Scapa Flow passa in rassegna l'equipaggio di un cacciatorpediniere.

---

[6] Richard Woodman, *Arctic Convoy 1941-1945*, John Murray, United Kingdom, 1955, p. 260-261.

L'incrociatore *Scylla*, della classe "Dido", la nave commando della scorta del convoglio PQ.18. Invece di avere un armamento di dieci cannoni da 133 mm aveva ricevuto i più rapidi cannoni Mk I-V 4,5" QF da 114 mm, gli stessi delle portaerei britanniche, ritenuti più efficienti nel tiro contraereo. Era quindi a tutti gli effetti un incrociatore contraereo. L'immagine e stata ripresa a Clyde nel giugno 1942.

I cacciatorpediniere della classe F dell'8ª Flottiglia della Home Fleet. In primo piano, ripreso dall'unità capo flottiglia *Faulknor* , é il *Fury*, che in agosto aveva partecipato in Mediterraneo alla grande operazione "Pedestal".

Al momento in cui il convoglio PQ.18 si sarebbe avvicinato alla destinazione, la scorta sarebbe stata rafforzata dai cacciatorpediniere sovietici *Gremyshchi*, *Kuibishey*, *Socrushiteiney*, *Uritski* e dai dragamine di squadra britannici *Halcyon*, *Hazard*, *Salamander* e *Britomart*, che si trovavano nella zona di Murmansk.

Il convoglio era supportato da una forza di appoggio, comprendente i tre incrociatori pesanti della 12ª Divisione *Norfolk*, *London* e *Suffolk*, e dei due cacciatorpediniere *Bulldok* e *Venemous* al comando del vice ammiraglio Stuart Bonham-Carter, comandante della 18ª Divisione sul *Norfolk*. Mantenendosi a ovest delle Isole Spitzbergen, era questa la forza navale che avrebbe dovuto impegnare subito le navi nemiche se fossero intervenute per attaccare il convoglio, altrimenti sarebbe restata nella sua posizione, lontano dalla minaccia degli aerei tedeschi nel Nord della Norvegia. La capacità di navigazione della forza di appoggio, era molto limitata dalla mancanza di uno schermo adeguato di cacciatorpediniere, ma il rischio per proteggere i convogli, entrando questa volta nel Mar di Barents, fu accettato.

Vi era poi la forza di copertura, che salpando indipendentemente si manteneva a distanza dal convoglio, da impiegare eventualmente fossero uscite dalle basi della Norvegia le navi di superficie tedesche, in particolare la temuta corazzata *Tirpitz*. La squadra, al comando del vice ammiraglio Bruce Fraser, Comandante in seconda della Home Fleet, salpò da Akureyri, nell'Islanda settentrionale, l'11 settembre. Essa comprendeva le moderne corazzate *Anson* e *Duke of York*, l'incrociatore leggero *Jamaica* e i sei cacciatorpediniere *Keppel*, *Montrose*, *Campbell*, *Mackai*, *Bramham*, *Broke*.

Da sinistra il vice ammiraglio Stuart Bonham-Carter, comandante della 12ª Divisione Incrociatori, e l'ammiraglio Bruce Fraser, comandante in seconda della Home Fleet. L'immagine è del 4 Ottobre 1942, dopo la conclusione dell'operazione congiunta della scorta ai convogli PQ.18 e QP.14.

L'incrociatore pesante britannico *Norfolk*, la nave comando dell'ammiraglio Bonham-Carter, in Islanda. In primo piano la portaerei statunitense *Ranger* con due caccia Wildcat sul ponte di volo.

La corazzata *Duke of York*, la nave ammiraglia dell'ammiraglio Fraser in un porto dell'Islanda. Avrebbe dovuto essere, assieme alla gemella *Anson*, l'antagonista della corazzata tedesca *Tirpitz*, ma anche se ciò non avvenne affondò l'incrociatore da battaglia *Scharnhorst* il 26 dicembre 1943.

Lo *Scharnhorst*. Il 25 dicembre 1943 cercò d'attaccare i convogli artici JW 55B e RA 55A, diretti in Russia, a nord della Norvegia. Ma la sua missione fu scoperta dai decrittatori dell'Ultra, e fu intercettato prima dagli incrociatori *Belfast*, *Norfolk* e *Sheffield* e poi raggiunto dalla corazzata *Duke of York* che riuscì nella notte a colpirlo mentre si allontanava a grande velocità e poi ad affondarlo con i suoi cannoni da 356 mm.

L'*Anson*, la più moderna corazzata della classe "King George V", durante le prove di tiro nel Mare del Nord nel 1942. Aveva dieci cannoni da 356 mm su tre torri, due quadrinate e una binata, e sedici cannoni contraerei, su torri binate, da 133 mm, in grado di aprire il fuoco a grandi distanze.

Due dei sei complessi contraerei a otto canne "pom-pom" da 40 mm della corazzata *Anson.*

E' da notare che per la prima volta da quando la Home Fleet aveva iniziato a scortare i convogli artici, non vi era nessuna portaerei che accompagnasse le navi da battaglia, che pertanto doveva limitarsi a stazionare a nord dell'Islanda, nell'intensione di indurre il nemico a credere che una forte scorta era stata assegnata al convoglio come di consueto sino all'Isola degli Orsi. La portaerei *Victorious*, che partecipando all'Operazione "Pedestal" era stata colpita da due grosse bombe italiane da 630 chili che però deflagrando procurarono alla nave scarsi danni, nel mese di settembre e parte dell'ottobre si trovò in arsenale per lavori che comportarono anche il montaggio di un prototipo di radar per la direzione degli aerei in volo. Era per questo motivo che il gruppo delle corazzate non si spinse più a nord, non possedendo alcuna protezione aerea né una forza d'attacco di aerosiluranti, com'era avvenuto nelle precedenti operazioni.[7] Inoltre è possibile che le intercettazioni e decretazioni Ultra, dell'11 settembre poi confermate il giorno 15, avessero convinto l'Ammiragliato a non avere nulla da temere, trovandosi la *Tirpitz* a Narvik per alcuni difetti tecnici. A ogni caso gli Spitfire fotografici della RAF tennero sotto sorveglianza la corazzata nei giorni critici dell'Operazione "EV", il 14, 15 e 16 settembre.[8]

---

[7] B.B. Schofield, *The Russian Convoys*, Pan Brook, London & Sydney, 1971, p. 106.

[8] F.H. Hinsley e altri, *British Intelligence in the Second World War*, Volume II, HMSO, London, 1981, p. 224-226.

La portaerei *Victorious*, della Home Fleet, a Hvalfiord (Islanda) che venne a mancare nell'iperazione per la scorta al convoglio PQ.18, essendo in riparazionbe, dopo l'Operazione "Pedestal" in cui era stata colpita sul ponte di volo da due bombe da 630 chili di cacciabombardieri Re.2001 italiani, una delle quali deflagro, e l'alra esplose, cadendo in mare, presso lo scafo della nave I danni riportati nell'occasione, sottovaluitati al momento, dovettero essere abbastanza gravi poiché la *Victorious* rimase in riparazione per più di un mese.

Altra grande nave che venne a mancare, oltre alla corazzata statunitenze Washington, fu la gemella *North Carolina* che aveva anch'essa partecipato alla scorta dei convogli PQ.16 e PQ.17. I suoi nove cannoni da 406 mm (16 pollici) erano in grado di sparare proietti dal peso di 1.020 chili alla distanza di 42.000 metri. La *Tirpitz* aveva 8 cannoni da 381 mm, dal peso di 800 chili e con una gittata di 36.000 metri.

Le navi da battaglia, procedendo con rotta nord-est fino a spingersi per breve tempo a nord-ovest dell'Isola Jan Mayen, furono avvistate il 12 settembre, ma poiché non fu più ricercato il vice ammiraglio Fraser rientrò a Akureyri due giorni dopo, con la convinzione di aver dissuaso il nemico a prendere il mare. Effettuò la stessa manovra fra il 19 e il 22 settembre senza la possibilità di incontrare il nemico, che avrebbe dovuto andare a cercare in una zona lontanissima da quella del convoglio PQ.18, e quindi in quelle condizioni irreali.

Il Comandante in Capo della Home Fleet, ammiraglio Bruce Fraser, restò invece a Scapa Flow con la sua nave ammiraglia, la corazzata *King Geoge V*, giustificandolo nella sua relazione per avere notizie più precise dai servizi d'informazione, e per controllare meglio la situazione in mare, potendo parlarne per telefono con l'Ammiragliato.

Il far partire due convogli portò a estendere l'intera operazione, con l'aggiunta di navi e equipaggi, e poiché in quel periodo il ghiaccio della banchisa polare sciogliendosi con il caldo estivo si era ritirato molto più a nord, consentendo ai convogli di passare a nord dell'Isola degli Orsi, avendo il vantaggio di tenersi lontano dagli aeroporti tedeschi nella Norvegia settentrionale, ne conseguiva che allungava anche il loro tempo di passaggio. Motivo per cui fu necessario impiegare per il rifornimento delle unità in mare più petroliere di quanto era stato fatto fino a allora.

Vi era un gruppo di rifornimento e di salvataggio in mare, denominato Forza Q, comprendente le due petroliere di squadra (RFA) *Oligarch* e *Blue Ranger*, la nave salvataggio *Copeland*, scortate dai quattro cacciatorpediniere *Oakey*, *Cowdray*, *Warchester* e *Windsor*. Esse andarono a dislocarsi a Low Sound nelle Isole Spitzbergen, assieme ad un gruppo navale di riserva, composto dall'incrociatore pesante *Cumberland*, dall'incrociatore leggero *Sheffield* e dal cacciatorpediniere *Eclipse*, che avevano trasportato rifornimenti per la guarnigione norvegese. Queste tre unità si tenevano pronte all'occorrenza a prendere il mare, dando un notevole aiuto agli incrociatori pesanti della 12ª Divisione del vice ammiraglio Bonham-Carter che, come detto, stazionavano ad ovest delle Isole Spitzbergen.

L'incrociatore pesante *London*, della 12ª Divisione Incrociatori della Home Fleet, armato con otto cannoni da 203 mm.

Altre due petroliere di squadra (Forza Q), *Gray Ranger* e *Black Ranger* furono inserite nel convoglio PQ.18 per rifornire in mare le sue unità di scorta. Fu anche aggregata la nave catapulta aerei *Empire Morn* che, come detto, portava all'estremità della prua un caccia Hurricane I da far decollare al momento ritenuto più opportuno contro gli aerei nemici. Ma era una tattica dispendiosa poiché il velivolo non poteva rientrare atterrando e il pilota era costretto a lanciarsi in mare con il paracadute per poi essere raccolto da qualche nave, sempre che il freddo dell'Artico lo mantenesse in vita.

Infine, uno sbarramento di nove sommergibili, *Shakespeare, Sturgeon, Tribune, Tigris, Unrivalled, Unique, Unshaken, Uredd* (norvegese) e *Rubis* (francese), fu predisposto al largo delle coste settentrionali della Norvegia, da dove poteva arrivare per i convogli una minaccia navale. Essi, meno lo *Sturgeon* che dovette rientrare in porto per noie ai motori, andarono a dislocarsi davanti ai fiordi di Narvik e Alten Fjord dove si trovavano le navi di superficie tedesche, per segnalarle tempestivamente e se possibile attaccarle. Degli otto sommergibili rimasti quattro furono disposti a nord dell'Isola Lofoten, *Sturgeon, Tribune, Tigris* e *Uredd* e tre più a nord della costa settentrionale della Norvegia, *Unrivalled, Unique* e *Shakespeare*, mentre il *Rubis* ebbe il compito di posare uno sbarramento minato.[9]

Parteciparono agli agguati anch'essi davanti alle basi navali tedesche nella Norvegia settentrionale, per tutta la durata delle operazioni, anche i cinque sommergibili sovietici *K-1, K-2, K-21, Shch-422* e *M-174*, mentre i cacciatorpediniere *Gremyashchi, Sokrushitelni, Kuibyshev* e *Uritsky* furono incaricati di scortare, per ulteriore sicurezza, il convogli PQ.18 nell'ultima parte del viaggio, e il QP.14 nella partenza per la Scozia.

In totale ottantatré navi militari erano pronte a proteggere le trentanove navi del PQ.18, che pertanto appariva come uno dei convogli meglio scortati e più sicuri della seconda guerra mondiale. Nonostante ciò alla fine le perdite, sebbene di poco inferiori a quelle riportate dal precedente convoglio PQ.17, sarebbero state superiori a quelle che l'Ammiragliato britannico, nel preparare l'operazione, aveva preventivato. E questo, come vedremo, con l'arrivo del convoglio a destinazione portò i britannici a vantare una grande vittoria attesa, come il principio di riflusso di una marea, secondo noi non del tutto condivisibile, poiché anche i successi degli aerei e dei sommergibili tedeschi, nel fare un conteggio finale, ebbero il loro valore.

Come si vede, nel pianificare la complessa duplice operazione nei due sensi, l'Ammiragliato britannico aveva deciso di non lesinare le forze navali necessarie per la protezione dei due convogli, e poiché il convoglio QP.14 sarebbe partito dalla Russia subito dopo l'arrivo a destinazione del PQ.18, per usufruire delle stesse unità leggere di scorta, fu organizzato per esse un punto di rifornimento, fino ad allora situato vicino all'Isola degli Orsi (Bear), portandolo ancora più avanti nelle Isole Spitsbergen, a Low Sound. Era stata anche esaminata la possibilità di far partire i due convogli contemporaneamente, ma fu rinunciato per la scarsità di forze navali antisom da assegnare alla scorta del QP.14.

---

[9] Historical Section Admiralty, *Submarine, Volume I, Operation in Home, Northern and Atlantic Waters*, London, 1953, p. 156-157.

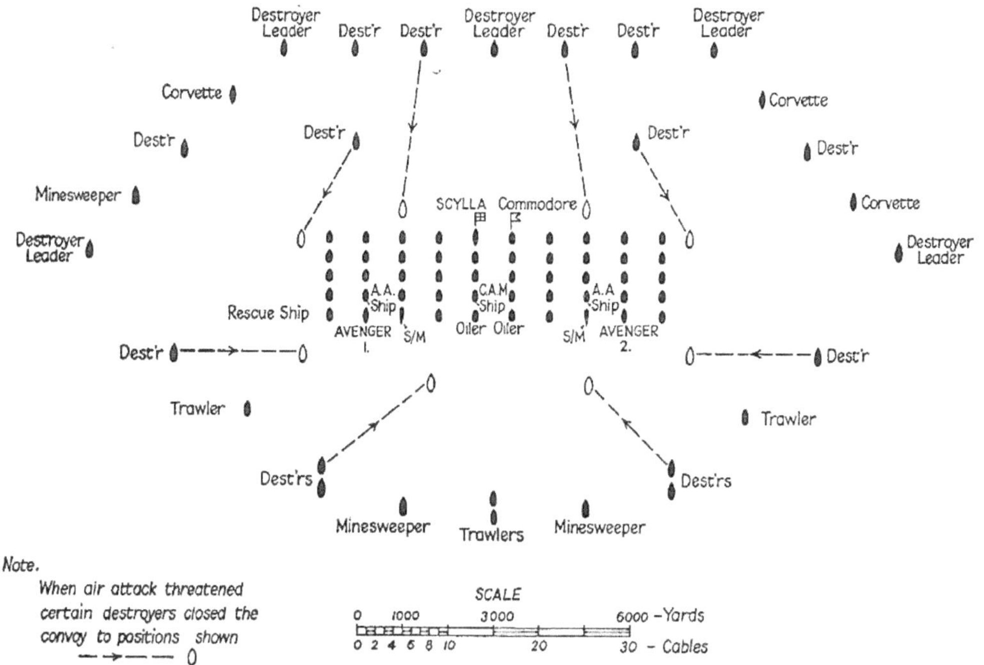

Il convoglio PQ.18 in dieci colonne e la disposizione delle unità della scorta. Da *S.W. Roskill, The War at Sera, Volume II, p. 282.*

La corazzata *Duke of York* la cui prora é investita e superata dalle onde del mare in tempesta, in immagine ripresa dalla portaerei *Victorious*, durante la scorta ad un convoglio PQ per la Russia artica. Ciò da un'idea di quali fossero le condizioni atmosferiche per raggiungere i porti del Mar Bianco

Fu anche tenuto conto della lunghezza delle giornate estive dell'Artico, che permetteva durante le giornate una luce quasi ininterrotta, delle quali potevano valersi, per i loro attacchi in continuazione, gli aerei della Luftwaffe dislocati nel nord della Norvegia, e che erano stati rinforzati da un gruppo di trenta bombardieri Ju.88 [I./KG.30 a Banak], come avevano riferito le decrittazioni dell'Ultra il 5 agosto. La lezione del convoglio PQ.17 non poteva essere dimenticata, e fu pertanto deciso di dare al convoglio PQ.18, quello più importante per il carico bellico che trasportava, il migliore appoggio possibile, anche sotto forma di una scorta aerea che sarebbe stata assicurata dai caccia Hurricane della portaerei di scorta *Avanger*, per la prima volta inserita on un convoglio artico, assieme ad un incrociatore della classe "Dido", lo *Scylla*, particolarmente adatto al compito contraereo grazie ai suoi otto cannoni ad alta elevazione e forte cadenza di tiro da 114 mm. Furono anche aumentate le unità leggere per la protezione antisom, e divennero particolarmente preziose le intercettazioni dell'Organizzazione crittografica britannica Ultra, per cercare di conoscere con la maggiore continuazione le intenzioni tedesche.

Una nave da trasporto Liberty in navigazione nell'Artico con condizioni di mare proibitive.

In Islanda, mentre il PQ.18 seguiva la sua rotta verso nord, La RAF iniziò estese ricognizioni fin quando il tempo lo consentiva, e continuò a fornire la scorta al convoglio ma non oltre il parallelo 73° Nord, e una ricognizione giornaliera dei ghiacci, quando il convoglio si trovò ad ovest dell'Isola Mayer. Assicurò anche la protezione dei porti islandesi mediante l'impiego di aerei da caccia. Ma occorreva anche proteggere l'arrivo del convoglio, e i sovietici promisero di intensificare la scorta navale antisom ai convogli in arrivo e partenza, di assicurare la loro protezione con aerei da caccia, e di bombardare, con l'impiego di velivoli sovietici, gli aeroporti tedeschi più vicini ai porti dove si sarebbe svolto il movimento navale.[10]

Ma non poteva bastare, perché quello che continuava a fare paura era la possibilità che la flotta tedesca, con la *Tirpitz*, intendesse attaccare il convoglio.

---

[10] Supplement to "The London Gazette" del 13 October 1950, N. 39041, *Convoy to North Russia, 1942.*

Su richiesta del comandante del Comando Costiero (Coastal Command) della RAF, maresciallo dell'aria Ohilip Bennet Joubert de La Ferté, che da tempo premeva per l'invio di aerosiluranti nel Nord della Russia con i quali attaccare le forze navali tedesche, sostenendo con l'Ammiragliato che se la sua richiesta fosse stata accolta non si sarebbe arrivati alla dispersione del convoglio PQ.17, fu deciso un trasferimento temporaneo di bombardieri-siluranti. L'operazione ebbe il nome in codice di "Orator".

Ma quando le condizioni atmosferiche erano benevoli, con mare e calmo e senza nebbia questa immagine faceva parte degli scenari che potevano essere ammirati all'arrivo a destinazione nel Mare della Penisola di Cola. In primo piano il cacciatorpediniere britannico *Inglefield*.

Dopo accordi con i sovietici, gli uomini degli aerei, con i relativi servizi e attrezzature, furono trasportati dall'incrociatore statunitense *Tuscaloosa* e dai cacciatorpediniere *Marne*, *Martin* e *Onslaught*, salpati da Greenock il 13 agosto, messi a diposizione per le esigenze della RAF dal Primo Lord del Mare. Al rientro da questa missione l'Ultra (capitano di corvetta Biet) informò che il posamine tedesco *Ulm* si trovava presso l'Isola degli Orsi per posare uno sbarramento di mine presso Capo Zelania (Operazione Zar), e la notte del 25 agosto l'*Onslaught* (capitano di fregata William Halford Selby), che con il *Marne*, il *Martin* e il *Tuscaloosa*, si trovava in navigazione a sud dell'Isola degli Orsi, fu inviato ad affondarlo col cannone e col siluro, recuperando sei superstiti su sessantacinque uomini dell'equipaggio.[11]

---

[11] S.W. Roskill, *The War at Sea*, Volume II, HMSI, London, 1957, p. 278; Richard Woodman, *Arctic Convoy 1941-1945*, John Murray, London, 1994, p. 258-259. * Fra le misure prese dai tedeschi vi era anche quella di costituire sulla rotta del prossimo e atteso convoglio PQ degli sbarramenti minati, e il posamine *Ulm* aveva quel compito.

Il cacciatorpediniere *Onslaught*, che affondò il posamine tedesco *Ulm*.

Al comando del maggiore Frank Linden Hopps, il reparto aereo doveva comprendere una sezione di quattro Spitfire a grande autonomia della 1ª unità da ricognizione fotografica, per rilevare la presenza delle navi nemiche nei porti della Norvegia settentrionale, uno squadriglia di undici ricognitori a largo raggio Catalina del 210° Squadron per effettuare le esplorazioni strategiche, e trentadue bombardieri-siluranti Handley Page HP.52 "Hampden" degli Squadron 144° e 455°, quest'ultimo australiano, per attaccare se fosse necessario le navi tedesche. I Catalina furono trasferiti dalle isole Shetland nel Lago Lakhto, vicino a Grasnaya nello Stretto di Cola, gli Spifire e gli Hampden a Vaenga, 40 chilometri a nord di Murmansk, che però risultava troppo vicino alla linea del fronte terrestre. Nel piano di ricognizione il più completo possibile, oltre a sorvegliare il nemico, gli aerei dovevano tener d'occhio la banchisa polare, che col sopraggiungere dell'autunno si sarebbe spostata da nord, scendendo verso sud. Il programma era tuttavia irto di difficoltà, anche perché gli aeroporti sovietici non offrivano le migliori condizioni per le operazioni aeree. Inoltre, poiché i ricognitori Catalina del 219° Squadron dovevano rimanere operativi fino all'ultimo minuto, ciò significo che anche le loro attrezzature e il personale di terra dovevano essere trasferiti a Grasnaya, con gli aerei. Ogni Hampden decollo con a bordo un tecnico del suo reparto.

Le maggiori difficoltà sorsero dal limitato raggio d'azione e dalle inefficienti attrezzature per lunga navigazione degli Hampden, e come risultato si ebbero incresciosi incidenti fin dal trasferimento dei velivoli alla base operativa, passando per la zona montagnosa della Norvegia. Ne conseguì che, dopo un volo di 3.900 chilometri, dei trentadue Hampden decollati il 5 settembre da Lossiemouth, in Scozia, con equipaggi britannici e australiani, ne arrivarono a destinazione a Vaenga, 40 chilometri a nord di

Murmansk, soltanto ventitré, poiché i piloti trovandosi a corto di benzina, ed essendo anche senza radio e con carte geografiche non aggiornate, perdendo l'orientamento dovettero fare atterraggi forzati, sfasciandosi al suolo. Sei velivoli finirono per precipitare o atterrare in Norvegia e in Svezia, e tre andarono perduti sulla Russia. Di essi due Hampden del 144° Squadron furono abbattuti dai caccia Bf.109 tedeschi dello Stormo JG.5, ed il terzo, sempre del 144° Squadron con pilota il sergente Walter Hood, fu abbattuto da un aereo da caccia sovietico a nord di Afrikanda, mentre volava nel cielo del mare di una zona proibita al volo. Decedette il mitragliere ventrale, sergente Walter Tabor, mentre il resto degli uomini dell'equipaggio, raggiungendo a nuoto la riva, fu preso a fucilate dai sovietici, finche gli uomini non si fecero riconoscere con il loro grido di "*Angliski*". In totale, in quello che è stato considerato un disastro, vennero a mancare nove Hampdon, sei del 144° Squadron (ma uno fu poi riparato) e tre del 455° Squadron, sui trentadue velivoli partiti dalla Scozia.

Accadde però che su uno degli Hampden del 455° Squadron (l'UB-C con pilota il comandante dello Squadron, maggiore James Catanach), precipitato in Norvegia presso Vardasoe il 5 settembre dopo essere stato colpito in mare dall'armamento contraereo del caccia-sommergibile tedesco *UJ-1105*, i tedeschi trovarono documenti di radio comunicazione da impiegare nella navigazione dei convogli PQ.18 e QP.14, inclusi i loro punti di rotta e cambio di scorta. Notizia che, combinata con l'intercettazione e decrittazione di un segnale trasmesso dal 95° Reggimento dell'Aviazione Navale sovietica, fece loro conoscere quale sarebbe stata la data della partenza dei convogli e la rotta che avrebbero seguito.[12]

I tedeschi poterono, pertanto, programmare quale sarebbe stato il loro sistema d'intercettazione e attacco, che comporto di allertare tutte le unità aeree in Norvegia, di schierare su tre linee a sud delle Isole Spitzbergen otto sommergibili, e di predisporre per l'intervento di un nucleo navale di tre incrociatori, ma soltanto contro il convoglio di ritorno QP.14 che si riteneva avrebbe avuto una scorta più ridotta, rispetto al PQ.18.

4) *Le forze aeree della 5ᵃ Luftflotte*

Vediamo ora, passando alla parte tedesca, quali erano le forze della Luftwaffe che potevano attaccare i due convogli.

La 5ᵃ Flotta Aerea (5ᵃ Luftflotte), al comando del generale Hans-Jürgen Stumpff, trascorse la pausa dopo la conclusione delle operazioni contro il convoglio PQ.17 per costituire alle dipendenze del Fliegerführer Lofoten, colonnello August Roth, una notevole forza da battaglia. Essa includeva i bombardieri Ju.88 del I./KG.30 e del III./KG.30 a Banak e gli aerosiluranti He.111 del I./KG.26 e gli Ju.88 del III./KG.26 rispettivamente a Bardufoss e Banak, con in carico novantadue velivoli. Le due squadriglie di aerosiluranti e ricognitori dei gruppi costieri 406° e 906 erano rispettivamente a Trompso e Stavanger. Per la ricognizione strategica armata erano disponibili alcuni FW.200 del I./KG.40, e i ricognitori Ju.88D delle Squadriglie 1.(F)/22 e

---

[12] B.B. Schofield, *The Russian Convoys*, Pan Brook, London & Sydney, 1971, p. 109.

1(F)/124, con basi a Bardufoss, Banak e Kirkenes, mentre la 6ª Squadriglia da ricognizione meteorologica (Weste 6) era a Banak.

Ju.88-A con due siluri in rullaggio per il decollo. Sulle ali il velivolo porta due motori a razzo per agevolare il decollo da piste di volo ridotte e con pesante carico bellico.

Quadrimotori FW.200 del 1° Gruppo del 40° Stormo Bombardamento (I./KG.40) nel luglio 1941 a Merignac (Bordeaux). Erano impiegati in Atlantico per ricognizioni armate.

In definitiva gli aerei della 5ª Luftflotte, con i bombardieri in picchiata Ju.88 e gli aerei da caccia Bf.109 e Fw.190, erano concentrati negli aeroporti situati all'estremità settentrionale della Norvegia, dove si combatteva sul fronte terrestre nella Penisola di Cola al confine con la Russia.

Come al solito i velivoli aerosiluranti portavano negli attacchi due siluri, pur dovendosi spingersi molto al largo nel Mar di Groenlandia per attaccare il convoglio, percorrendo circa 900 chilometri, e poi nel Mar di Barents.[13] Sono quindi in errore coloro che anno scritto che gli Ju.88, per motivi di autonomia, furono costretti a portare un solo siluro. Ciò può essere confrontato con quanto scritto nel nostro Annesso, alla fine del saggio.

Il KG.30, comandato dal colonnello Erich Bloedorn, aveva in dotazione il velivolo da bombardamento bimotore Junker Ju.88A, che era considerato per la sue doti a tutti gli impieghi, *"il bombardiere miracolo della Luftwaffe"*. Era uno Stormo da bombardamento formidabile, forse quello che, assieme al 1° Stormo Sperimentale (LG.1), allora in Grecia e a Creta, nella guerra navale ottenne i maggiori successi, operando in ogni settore di guerra, dalla Norvegia al Nord Africa. Nel settembre 1941 il 1° Gruppo (I./KG.30) fu mandato da St. André (Francia) a Kimi in Norvegia per operare contro i convogli britannici che portavano rifornimenti ai sovietici, dando il cambio al II./KG.30 che fu inviato in Olanda. Nel gennaio 1942 arrivò in Norvegia il III./KG.30, al comando del capitano Hans-Joachim 'Hajo' Herrmann e da quel momento, con base negli aeroporti di Stavanger, Bardufoss e Banak, intervenne nei combattimenti per la conquista di Murmansk.

Il capitano Hans-Joachim 'Hajo' Herrmann nella cabina di pilotaggio del suo Ju.88 del III./KG.26.

Alle dipendenze della 5ª Luftflotte vi erano in Norvegia anche i bombardieri in picchiata Ju.87 "Stuka" del I./StG.5 con base a Kirkenes alle dipendenze del Fliegerführer Nordost, colonnello Alexander Holl. Ma il loro impiego era problematico a causa della inferiore autonomia e poteva svolgersi soltanto quando le navi avessero aggirato la parte settentrionale della Penisola di Cola. A causa dei caccia sovietici il loro impiego era sempre accompagnato da una scorta di velivoli da caccia Bf.109.

Il 28 marzo, attaccando il convoglio PQ.13 gli Junker Ju.88 del III./KG.30 affondarono i piroscafi *Raceland* e *Empire Ranger*. Nell'aprile 1942 attaccando il convoglio inverso QP.10, dalla Russia diretto in Islanda e Scozia, il Gruppo affondò i piroscafi *Cowper* e *Harpalion*. Il 13 maggio uno Ju.88 del III./KG.30 colpì il grande incrociatore britannico *Trinidad*, che già danneggiato il 29 aprile da un siluro del cacciatorpediniere tedesco *Z-26*, dovette essere affondato con altro siluro dal cacciatorpediniere della scorta *Foresight*. Nell'attacco al convoglio PQ.16 i velivoli del Gruppo affondarono i piroscafi *Empire Lawrence, Empire Purcell* e *Almar*. Nell'attacco, ai primi di luglio, al successivo tragico convoglio PQ.17, che avevano ricevuto dall'Ammiragliato britannico l'ordine di disperdersi per evitare di essere intercettato dalla flotta tedesca, comprendente la grande e temibile corazzata *Tirpitz*, intervennero tutti gli Ju.88 del I. e III./KG.30 e in una serie di attacchi contro le navi del convoglio isolate e prive di scorta affondarono i piroscafi *Washington, Bolton Castle, Pan Kraft, Peter Kerr, Fairfield City,* e la nave salvataggio *Zaafaran*. Furono anche danneggiate altre navi, poi affondate dai sommergibili tedeschi dell'11ª Flottiglia, di base in Norvegia.

L'affondamento dell'incrociatore *Trinidad*. Colpito il 29 aprile 1942 da un siluro del cacciatorpediniere tedesco Z-26, dopo il recupero dell'equipaggio fu silurato dal cacciatorpediniere britannico *Foresight*, che il 12 agosto 1942 fu poi anch'esso affondato dagli aerosiluranti italiani S.79 del 132° Gruppo.

Il KG.26, lo Stormo dei Leoni, comandato dal colonnello Martin Harlinghausen, era altrettanto famoso, anch'esso veterano dei più svariati settori di guerra in cui era impegnata la Luftwaffe. All'inizio della guerra era un reparto prettamente da bombardamento in quota equipaggiato con l'He.111, che veniva però anche intensamente impiegato nella guerra sul mare con attacchi a bassa quota, realizzando parecchi affondamenti e danneggiamenti di navi nemiche. Nel gennaio 1940, quando il II./KG.26 si dislocò in Sicilia, la sua 6ª Squadriglia (6./KG.26) si era costituita nell'aeroporto di Comiso come reparto aerosiluranti, ed era l'unica dello Stormo. I suoi successi nel corso del 1941 erano stati modestissimi, limitati all'affondamento di due piroscafi, uno dei quali neutrale francese, e danneggiamento di altri due piroscafi. Nell'autunno la 6./KG.26 lasciò il Mediterraneo per trasferirsi in Romania, da dove svolse attività nel Mar Nero, vantando l'affondamento di 20.000 tonnellate di naviglio, e dove fu poi raggiunto dalle altre due squadriglie di bombardieri (4ª e 5ª) del II./KG.26, che dopo un addestramento a Grosseto al lancio di siluri, nell'autunno 1942, trasferitesi da Saki (Crimea) nell'aeroporto della Toscana, si trasformarono anch'esse in squadriglie aerosiluranti, così come lo divenne tutto il 2° Gruppo.

Affondamento di un piroscafo sulla rotta Artica della Russia settentrionale.

Nel frattempo era stata istituita in Italia, sull'aeroporto di Grosseto, la Scuola degli Aerosiluranti della Luftwaffe, avvalendosi della collaborazione della Regia Aeronautica. Il primo gruppo a essere addestrato alla nuova specialità fu il I./KG.26, che volava sull'He.111-E, a cui poi si aggiunse il III./KG.26, che invece era stato armato con lo Ju.88-A, nella versione aerosilurante. I due gruppi, al termine dell'addestramento, furono trasferiti in Norvegia, per attaccare i convogli diretti in Russia, secondo una nuova tattica che fu sperimentata per la prima volta nel mese di maggio contro il convoglio PQ.16. I loro nuovi siluri LT-F5b, più affidabile di quelli fino a quel momento impiegati compreso il norvegese Horton, dopo un contratto, erano costruiti in Italia dalla Ditta Whitehead.

Poiché con l'armamento dei piroscafi, con personale militare bene addestrato e ben disciplinato, e l'aumento delle navi di scorta la reazione contraerea dei convogli era divenuta notevolissima, sia per i bombardieri in picchiata che per gli aerosiluranti, il Comando Superiore dell'Aviazione Germanica (OB.d.L.) *"aveva deciso di passare ad azioni combinate delle due specialità"*, facendo in modo che le azioni venissero *"effettuate quasi contemporaneamente dal reparti aerosiluranti e dagli Ju.88 posti sotto un unico comando"*, incaricando al comandante della formazione degli Ju.88 da bombardamento di assicurare *"il collegamento radiotelefonico fra i Comandanti delle due formazioni"*, che nelle latitudini artiche poteva *"essere assicurato fino a distanze di 120-150 km"*.[14] Conseguentemente lo svolgimento dell'attacco in comune tra bombardieri e aerosiluranti, avveniva come segue:[15]

Mentre il Comandante dello Ju.88 si porta in genere sui 4.000 metri di quota, o alla quota resa più consigliabile in seguito alla eventuale presenza di nubi, e defila a 60-70 km. di distanza dal convoglio, allo scopo di farsi udire e attirare su di sé l'attenzione della caccia nemica, gli aerosiluranti navigano a pelo d'acqua quota non superiore a 10 metri, allo scopo di poter realizzare la sorpresa, puntando dritti sul traverso del convoglio con provenienza dai settori poppieri (giardinetto). Spetta al Comandante della formazione di Ju.88 di regolare il momento dell'attacco e di sincronizzare l'azione dei due reparti. Effettuato il defilamento in modo da poter eseguire l'attacco dalla parte della direzione di marcia del convoglio e al momento in cui gli aerosiluranti sono ormai a pochi chilometri dal punto di lancio, gli apparecchi Ju.88 si gettano in affondata sul convoglio e, dopo lo sgancio, si allontanano a bassa quota per la rotta di rientro. Tale tattica ha consentito, nel corso dell'ulteriore stagione operativa del 1942 ai reparti aerei tedeschi operanti in Norvegia, notevoli successi con perdite relativamente scarse.

Per attuare questa tattica il primo Gruppo di aerosiluranti ad arrivare nella nuova destinazione norvegese fu il I./KG.26 (capitano Bert Eicke, interinale, poi in luglio sostituito dal maggiore Werner Klümper), che ebbe modo di fare la prima esperienza attaccando in maggio, assieme ai bombardieri del KG.30, il convoglio PQ.16, che ebbe silurati e affondati tre piroscafi, dei quali il *Batavon* e il *Cape Corso*, affondarono, mentre lo *Jutland* ricevette il colpo di grazia dal sommergibile tedesco *U-251* (tenente di vascello Heinrich Timm). Da parte tedesca non rientrarono alla base sei He.111.

Il I./KG.26 partecipò poi all'attacco del successivo convoglio PQ.17, e ciò avvenne la sera del 5 luglio quando venticinque He. 111, guidati dal capitano Eicke, colpirono cinque navi affondando il piroscafo *Navarino* e silurando, i piroscafi *William Hopper, Daniel Morgan* e *Empire Byron*, poi finiti con il siluro dai sommergibili tedeschi *U-334, U-88, U-703*, e la petroliera sovietica *Azerbaijan*, che invece riuscì a raggiungere il porto di destinazione. Da quest'azione non rientrarono alla base quattro He.111.

Agli attacchi non partecipo il III./KG.26 (capitano Ernst Thomsen), in trasferimento da Rennes a Banak, che poi avrebbe avuto il suo momento di gloria e di perdite nell'attacco al convoglio PQ.18.

---

[14] Stato Maggiore Aeronautica Ufficio Storico, bozza dell'Ufficio Aerosiluranti di Superaereo del 20 maggio 1943, dall'oggetto *Azioni dell'Aviazione Germanica contro il traffico marittimo.*
[15] *Ibidem.*

Un aerosilurante tedesco He.111 armato con due siluri LT F5b. Davanti al velivolo il carrello trasportatore dei siluri. Il siluro LT 5b fu sostituito dal siluro italiano LT F5W, con migliore acciarino detonante e migliore angolo di lancio.

Velivolo Ju.88A del 3° Gruppo Bombardamento (III./KG.30).

5) L'intermezzo all'inizio degli attacchi aerei e l'attacco del sommergibile U-408

Come detto, durante la navigazione verso la Russia il convoglio PQ.18 era stato avvistato l'8 settembre a nord dell'Islanda da un idrovolante da ricognizione tedesco Blohm & Voss BV.138, sebbene i caccia Hurricane I della portaerei di scorta *Avanger* avessero tentato di tenerlo fuori dalla portata visiva del convoglio. Nel frattempo otto sommergibili tedeschi del Gruppo "*Palazzo d'Inverno*", avevano iniziato a inseguire il convoglio, trovando molte difficoltà di navigazione a causa delle nuvole e della scarsa visibilità.

Il 10 settembre giunsero dai quattro sommergibile britannici che si trovavano dinanzi alle Isole Lofoten, segnalazioni riferenti la partenza da Narvik di incrociatori pesanti e cacciatorpediniere tedeschi. La notizia fu poi confermata l'indomani dall'organizzazione crittografica Ultra, che già aveva dato informazioni su movimenti di navi tedeschi e organici di aerei della Luftwaffe, nonché l'avvertimento, come detto, che la corazzata *Tirpitz* probabilmente sarebbe restata a Narvik, e non sarebbe quindi andata a raggiungere in mare gli incrociatori al largo di Altenfiord , e ciò fu confermato il 15 settembre, portando all'Ammiragliato una seppur cauta soddisfazione.[16]

I sommergibili *Tribune, Tigris, Unshaken (P.54)* e *Uredd* avevano avvistato nell'ordine e segnalato il gruppo degli incrociatori *Admiral Sheer, Admiral Hipper* e *Koll*, e dei cacciatorpediniere *Z-4 / Richard Beitzen, Z-23, Z-27, Z-29 e Z-30,* che salpati alle 05.00 del 10 settembre si trasferivano da Narvick ad Altenfiord, in preparazione di una missione contro il convoglio di ritorno QP.14, chiamata operazione "Doppelschlag". Soltanto il sommergibile *Tigris* (capitano di corvetta George Robson Colvin), sebbene fosse stato costretto a alternare la quota periscopica per la presenza di un idrovolante He.115 che scortava le navi, giunse a distanza di attacco, circa 6.500 metri, e alle 14.14 lanciò cinque siluri proprio nel
momento in cui uno dei cacciatorpediniere dello schermo di protezione stava per speronarlo. I siluri passarono di poppa al bersaglio, costituito dall'incrociatore *Admiral Sheer*.[17]

Ricevuta la notizia del gruppo navale tedesco, immediatamente gli idrovolanti da ricognizione del 210° Squadron si prepararono a effettuare i voli di esplorazione, e fra l'11 e il 13 settembre otto Catalina decollarono da Invergordon per perlustrare le acque a nord della Norvegia per cercare di individuare le navi da guerra nemiche. Ammararono dopo otto ore di navigazione a Grasny, senza aver fatto avvistamenti. Ad aumentare lo stato d'all'arme e "*di ansietà*" all'Ammiragliato contribuì poi il fatto che il 14 settembre la corazzata *Tirpitz* non fu avvistata nella sua base di Narvik, e vi fu il sospetto che si trovasse in mare. Furono subito organizzare nuove esplorazioni sugli ancoraggi della Norvegia settentrionale, spingendole anche al largo, e fu scoperto che la *Tirpitz* non si trovava a Altenfiord, dove erano gli incrociatori e i cacciatorpediniere tedeschi.

---

[16] Correlli Barnet, *Engage the enemy more closely,* Hodder & Stoughton, London, 1991, p. 725-726.
[17] Historical Section Admiralty, *Submarine, Volume I, Operation in Home, Northern and Atlantic Waters,* London, 1953, p. 158.

Il sommergibile britannico *Tigris* che il 10 settembre attaccò senza successo la corazzata tascabile tedesca *Admiral Scheer*.

La corazzata tascabile tedesca Admiral Sheer in un porto della Norvegia.

Durante la notte del 13-14 settembre furono spediti in volo tutti i rimanenti ventitré aerosiluranti Hampden per rintracciare e attaccare la temibile corazzata, spingendosi fino al limite dell'autonomia, trasportando un siluro Mark XII da 18 pollici (450 mm), ma com'era logico, il loro lungo volo fu senza successo.[18]

Sebbene le navi tedesche avessero raggiunto Altenfiord, dove furono fotografate dagli Spitfire da ricognizione della RAF, e dove il 13 settembre ricevettero la visita del Comandante del Gruppo Nord, intenzionato ad attaccare il convoglio di ritorno QP.14, Adolf Hitler, venuto a conoscenza del grande spiegamento di forze del nemico, considerando rischio e perdite a cui andavano incontro le sue importanti navi (Capital Ships),

---

¹⁸ S.W. Roskill, *The War at Sea*, Volume II, HMSI, London, 1957, p. 282.

Trentadue velivoli Handley Page HP.52 Hampden britannici e australiani mandati in Russia col compito di attaccare con i siluri le navi tedesche (Operazione "Oraton"), nella notte del 13-14 settembre furono impiegati vanamente alla loro ricerca, essendo rimaste in porto.

assegnate alla difesa della Norvegia, nella sua politica *"niente rischi non necessari"*[19] non dette l'autorizzazione a farle uscire in mare, e quello stesso 13 settembre il Comandante della Marina germanica, Grande ammiraglio Erich Raeder, annullò l'operazione.

Ciò fu subito conosciuto dall'Ultra, a Bletchley Park, che aveva decrittato messaggi che riguardavano i porti in cui si trovavano le navi da guerra tedesche, e i loro movimenti. Tutto lo sforzo contro i convogli fu lasciato alla Luftwaffe, che in quel momento, lo ripetiamo, aveva in Norvegia novantadue aerosiluranti e centotrentatré tra bombardieri e bombardieri in picchiata, nonché una ventina di ricognitori strategici Ju.88D e FW.200, e in più gli idrovolanti dei Gruppi Costieri.[20] Uno di questi ricognitori, un Ju.88D della Squadriglia 1.(F)/124, il 9 settembre era andato perduto per incidente a Kirkenes, all'estremità nordorientale della Norvegia, vicino alla linea del fronte, e quindi assai distante dalla zona della Islanda dove allora si trovava il convoglio. Lo stesso tipo d'incidente sarebbe accaduto a un altro ricognitore Ju.88D della medesima Squadriglia, sempre a Kirkenes.

Il 10 settembre, le condizioni atmosferiche sulla rotta del convoglio PQ.18 peggiorarono e scese la nebbia. Il giorno successivo, 11 settembre, il convoglio navigò attraverso la nebbia e le raffiche di pioggia che si trasformavano in neve. Alle 11.45 l'incrociatore *Scylla* e tre cacciatorpediniere della 3ª Flottiglia, *Faulknor*, *Impulsive* e *Fury* lasciarono il convoglio a nord est dell'Isola Jan Mayen, e proseguirono per andare a rifornirsi a Low Sound nelle isole Spitzbergen, dove si trovavano le petroliere *Oligarch* e *Blue Ranger*. Effettuato il rifornimento le sei unità a mezzogiorno del 13 settembre si riunirono nuovamente al convoglio, che era stato raggiunto nelle prime ore di quello stesso giorno da otto cacciatorpediniere della forza di protezione che, partendo da Akureyri, nell'Islanda settentrionale, si erano anch'essi riforniti a Low Sound.

---

¹⁹ Edward P. Von Der Porten, *La fine della Marina tedesca*, Longanesi, Milano, 1971, p. 268.
²⁰ *Ibidem*, p. 283-284.

Velivolo Ju.88D della 1ª Squadriglia del 124° Gruppo Ricogniziobe Strategica (1.(F)/124) in Scandinavia.

Le due petroliere, sempre il 13 settembre, salparono poi per incrociare a nordovest delle Isole Spitzbergen e rifornire successivamente in mare i cacciatorpediniere del convoglio PQ.18 e gli incrociatori e i cacciatorpediniere del gruppo di appoggio.

Lo stesso giorno 13 si metteva in movimento da Arcangelo il convoglio QP.14, e l'indomani alle 13.00 il Comandante della 18ª Divisione, con gli incrociatori pesanti *Norfolk, London, Cumberland, Suffolk* (8 cannoni da 203 mm. per unità), l'ncrociatore leggero *Sheffield* (12 cannoni da 152 mm) e i cacciatorpediniere *Eclipse, Echo, Bulldog* e *Amazzon*, lasciò Hvalfiord per portarsi in lat. 76°00'N, long. 08°00'E, iniziando l'Operazione "Gearbox Two", a protezione del passaggio del QP.14 e, naturalmente, anche del convoglio PQ.18 che arrivava in senso inverso.[21] Quindi ai tre incrociatori del vice ammiraglio Bonham-Carter si erano riuniti ai due incrociatori del gruppo di riserva, e con ciò la superiorità potenziale di questo gruppo navale, senza contare i cacciatorpediniere del contrammiraglio Burnet, era di almeno il doppio di quella delle navi tedesche se fossero intervenute.

La decisione di Hitler di non impegnare le sue navi impedì che si arrivasse per i tedeschi a una sgradevole resa dei conti, come poi accadde per l'incrociatore da battaglia *Scharnhorst* affondato, come abbiamo già detto, dalla corazzata *Duke of York* dell'ammiraglio Fraser il 26 dicembre 1943, a nord della Norvegia.
Tornando alla navigazione del PQ.18, all'alba del 12 settembre, mentre soffiava una brezza da nordovest, fu avvistato un idrovolante tedesco BV.138 sbucare da un banco nuvoloso Quattro caccia Sea Hurricanes decollarono dalla portaerei *Avenger* ma non riuscirono a raggiungerlo, prima che facesse perdere le tracce rientrando tra le nuvole.

---

[21] *Home Fleet Destroyer Command War Diary, September 1942*, in Internet..

Lo *Scheffield*, l'incrociatore leggero della divisione del vice ammiraglio Bonham-Carter, in Artico nel dicembre 1941

L'incrociatore pesante *Cumberland* a Hval Fjord, Islanda, il 22 Novembre 1941. Assieme allo *Sheffield*, anch'esso del gruppo di riserva, si unì alle unità del gruppo di appoggio dell'ammiraglio Bonham-Carter, in modo da costituire un gruppo di cinque grandi incrociatori per fronteggiarne i tre della formazione germanica.

Lo stesso accadde in altre due occasioni quando furono avvistati un BV 138 e uno Ju.88, che erano più veloci dei caccia britannici armati soltanto di mitragliatrici. Durante il giorno, gli apparati per la ricerca della direzione ad alta frequenza (Huff-Duff) delle onde radio delle unità di scorta rilevarono le trasmissioni radio dei sommergibili ed effettuarono diversi attacchi con le bombe di profondità, finché ottennero il primo successo con il cacciatorpediniere conduttore di flottiglia *Faulknor* (capitano di vascello Alan Henneth Scott-Moncrieff). Alle ore 21.00 il *Faulknor* ebbe un contatto subacqueo con lo scandaglio asdic e affondò con la sua prima scarica di bombe di profondità il sommergibile *U-88* (tenente di vascello Heino Bohmann) nel Mare Artico a sud-ovest delle isole Spitzbergen. Decedettero i quarantasei uomini dell'equipaggio.

Il cacciatorpediniere *Faulknor* che il 12 settembre ottenne il primo successo nella difesa del convoglio *PQ.18*, affondando il sommergibile *U-88*.

Poi, alle 09.52 del medesimo giorno, a 100 miglia a sud-ovest dello Spitzbergen, poche ore dopo che l'ultima pattuglia aerea del Coastal Command era tornata alla sua base in Islanda, gli U-Boote fecero la loro prima vittima. Il convoglio fu attaccato dall'*U-408* (tenente di vascello Reinhard von Hymmen), che lanciando una salva di tre siluri colpì il piroscafo statunitense *Oliver Ellsworth*, di 7.191 tsl, e il piroscafo sovietico *Stalingrad*, di 3.559 tsl, che si trovavano sulla prima colonna di dritta del convoglio.[22]

Lo *Stalingrad* (capitano A. Sakharov), colpito da un siluro a centro nave sul fianco destro, affondò rapidamente, in meno di quattro minuti, con sedici uomini di un equipaggio di ottantasei, e cinque passeggeri. La nave Liberty *Oliver Ellsworth* (capitano Otto Ernest Buford), di 7.176 tsl, che seguiva lo *Stalingrad*, mentre manovrava per evitarlo, fu colpita sul fianco destro, tra le stive n. 4 e n. 5, da un secondo siluro. Prima che il piroscafo statunitense affondasse, fu soccorso dalle unità della scorta adibite all'opera di salvataggio, la nave soccorso *Copeland* (capitano William Joseph Hartley) e il trawler *St. Kenan* (sottotenente di vascello Robert Roy Simpson) che recuperarono sessantadue uomini dell'equipaggio, meno uno. Dopo di ché il *St. Kenan*, sparò alcuni colpi di cannone sul relitto dell' *Oliver Ellsworth*, che era ancora a galla. Nel frattempo le altre navi del convoglio avevano continuato nella loro rotta dopo aver effettuato una virata di emergenza.

---

[22] Kenneth Wynn, *U-Boat Operations of the Second World War*, Volume 1°, Chatham Publishing, London, 1998, p. 271.

Il sommergibile tedesco *U-408* che il 12 settembre, attaccando il convoglio PQ.18, silurò e affondò il piroscafo statunitense *Oliver Ellsworth* e il piroscafo sovietico *Stalingrad*.

Il piroscafo statunitense *Oliver Ellsworth* in immagine dell'8 maggio 1942. Nella foto il nome della nave è sbagliato. Entrambe le navi furono affondate dal sommergibile tedesco *U-408* che lanciò una salva di tre siluri.

Ripresa dalla portaerei di scorta *Avanger* l'esplosione del piroscafo statunitense *Oliver Ellsworth* silurato dal sommergibile tedesco *U-408.*

A questo punto il PQ.18 si trovava a 150 miglia a nord-ovest dell'Isola degli Orsi in procinto di entrare nel Mare di Barents, e quello stesso 12 settembre arrivarono l'incrociatore *Scylla* (capitano di vascello Ian Agnew Patterson Macintyre), con a bordo il contrammiraglio Burnet, e diversi cacciatorpediniere, che erano partiti da Refuel e Lowe Sound. Anche la scorta era nella sua piena forza, e lo sarebbe stato fino a raggiungere la destinazione, ma uno dei cacciatorpediniere del contrammiraglio Burnet, l'*Echo* (capitano di corvetta Norman Lanyon), dovette lasciarla alle 21.55 del 9 settembre per rientrare a Hvalfiord, dove arrivò l'indomani, mettendosi a disposizione del Comandante della 18ª Divisione Incrociatori che difettava di unità di scorta. Quindi il gruppo cacciatorpediniere si ridusse a quindici unità.

***

Vediamo ora, sulla scorta di un documento dell'Ufficiale di Collegamento dello Stato Maggiore della Regia Aeronautica (Superaereo) presso l'OB.d.L., l'Alto Comando della Luftwaffe a Berlino, colonnello Giuseppe Teucci, quale era la tattica d'attacco che i bombardieri e gli aerosiluranti tedeschi stavano per realizzare, già sperimentata contro convogli di maggio e luglio 1943, PQ.16 e PQ.17.[23]

Gli attacchi sono stati effettuati da Reparti da bombardamento a tuffo e da aerosiluranti in azione combinata.

---

[23] Stato Maggiore Aeronautica Ufficio Storico, *Ufficio del Colonnello R.A. presso l'OB.d.L. – Sezione Informazioni, Alcune notizie sulle azioni offensive effettuate dai tedeschi contro i convogli anglo-americani in navigazione nell'Oceano Glaciale Artico.*

Le direttive generali per l'impiego delle due specialità sono state sempre le seguenti:

- Le formazioni dei bombardieri effettuano il lancio <u>esclusivamente</u> in picchiata, esse attaccano il convoglio per primi.

- I Reparti aerosiluranti seguono alla distanza prestabilita di alcuni minuti e, cercando di realizzare la sorpresa, prendendo contatto con le unità nemiche, mentre la difesa c.a. del convoglio è impegnata contro i bombardieri a tuffo.

Presupposto di tale collaborazione operativa è un'ottima visibilità orizzontale e l'assenza di nubi basse.

Passando poi a descrive quali erano state le condizioni in cui gli attacchi erano stati realizzati, e i soddisfacenti risultati conseguiti, nel documento si affermava:[24]

Contro il primo convoglio è stato possibile portare in linea un solo Gruppo di aerosiluranti; cosicché il numero delle azioni è stato piuttosto limitato. Le condizioni atmosferiche erano ottime, con visibilità buona (30 Km.) e cielo sereno. A tali condizioni e alla perfetta collaborazione tra aerosiluranti e bombardieri, è dovuto il soddisfacente risultato dell'attacco. Le perdite sono state minime, anche per l'effetto di sorpresa al primo impiego degli aerosiluranti.

Contro il secondo convoglio furono portati in linea due Gruppi, con complessivi 56 apparecchi. Le condizioni atmosferiche generali erano buone e la visibilità ottima. I risultati dell'azione sono stati soddisfacenti. Molto elevata la percentuale di siluri messi a segno e di affondamenti. Ugualmente efficace l'azione dei bombardieri.

6) L'Inizio della battaglia e lo spettacolare successo degli aerosiluranti tedeschi del 13 settembre. Lo "sciame di locuste".

Il 13 settembre il PQ.18 che navigava ancora ripartito su dieci colonne attorniate dalle due cinture di scorta, una ravvicinata, l'altra più distante, fu continuamente pedinato dai velivoli dalla ricognizione tedesca, che si avvaleva per quel compito, nella Norvegia settentrionale, degli Ju.88D delle Squadriglie Ricognizione Strategica 1.(F)/120 e 1.(F)/124, senza che i lenti caccia Sea Hurricane tipo I della portaerei *Avanger* potessero scacciare quei veloci velivoli.[25]

Verso le 15.40, quando gli Hurricanes erano di nuovo sul ponte e si stavano riarmando, i radar delle navi rilevarono diverse formazioni di aerei a una distanza di 60 miglia. Sebbene il mare apparisse calmo, il cielo era coperto, l'altezza delle nuvole era a 3.000 piedi (910 metri), la pioggia cadeva in modo intermittente e assieme al nevischio oscurava le navi del convoglio. Alle 16.00 sopraggiunsero diciotto bombardieri Ju.88A del III./KG.30 che, al comando del famoso maggiore Werner Baumbach (uno dei maggiori assi del bombardamento della Luftwaffe che aveva sostituito al comando del Gruppo il 20 luglio l'altro straordinario asso capitano Hajo Hermann), essendo stati accolti dal fuoco di sbarramento non riuscirono a colpire le navi. Un velivolo fu abbattuto dalla contraerea e altri due danneggiati precipitarono in atterraggio a Banak.

---

[24] *Ibidem.*

[25] E.R. Hooton, *Eagle in Flames. The fall of the Luftwaffe*, BrockHampden Press, London, 1999, p. 308-309.

Il contrammiraglio Robert Burnet, comandante dei cacciatorpediniere della Home Fleet, con gli ufficiali del suo Stato Maggiore. Sull'incrociatore *Scylla* comandava la scorta del convoglio PQ.18-

22 luglio 1942 in Russia. Il Comandante in Capo della Luftwaffe, maresciallo del Reich Hermann Wilhelm Göring, alla sua destra è il maggiore Werner Baumbach, comandante del 2° Gruppo del 30° Stormo Bombardamento (II./KG.30), e poi comandante del III./KG.26 in Norvegia. A sinistra il maggiore Dietrich Peltz, comandante del I./KG.60 e poi della Scuola da Bombardamento di Foggia (Puglia). Entrambi gli ufficiali sono insigniti della croce di cavaliere con fronde di quercia, a cui poi aggiungeranno le spade. Saranno promossi generali con incarichi operativi importanti.

Tuttavia, essendo arrivati ad alta quota, e intercettati dai radar delle navi, erano stati attaccati da cinque caccia Hurricane prontamente decollati dalla portaerei *Avanger* (capitano di fregata Anthony Paul Colthurst), che però, dovendo salire di quota e trovandosi nell'inseguimento a bombardieri distanti dal convoglio, non poterono attaccare gli aerosiluranti, che stavano sopraggiungendo. Volando bassi sopra le onde del mare, gli aerosiluranti, a differenza dei bombardieri chi li avevano preceduti, non furono individuati dai radar. Guidati sull'obietto da uno Ju.88 del III./KG.30, attaccarono in un'unica formazione chiusa sul solo fianco destro del convoglio, coordinando perfettamente l'attacco con quello precedente dei bombardieri, senza essere avvistati prima di superare la linea dell'orizzonte.

Il maggiore Baumbach dopo una missione, sceso dal suo bombardiere Ju.88 del III./KG.30, viene accolto da alcuni ufficiali.

L'ondata d'attacco, che si avvicinava simile a *"un enorme sciame di locuste viste in incubo"*,[26] come scrisse il commodoro del convoglio Boddam-Whetham, era costituita da quarantaquattro aerosiluranti, dei quali ventisette He.111 del I./KG.26 e diciassette Ju.88 del III./KG.26, rispettivamente comandati dal maggiore Werner Klümper e dal capitano Klaus Noken.[27] Avvicinatisi bassissimi, per evitare l'intercettazione dei radar, gli aerosiluranti si avvicinarono fino a circa 1.000 metri dal convoglio. Sorvolando a bassa quota le navi di scorta che sparavano con ogni arma disponibile, realizzando uno sbarramento di fuoco definito *"una combinazione di cannoni prodigiosa"*,[28] i velivoli tedeschi, diressero contro i piroscafi suddivisi in tre formazioni, i primi due con gli

---

[26] Ian Campbell e Donald Macintyre, *Destinazione Cola*, Baldini & Castoldi, Milano, 1960, p. 159.

[27] Harold Thiele, *Luftwaffe Aerial Torpedo Aircraft and Operations in World War Two*, England, 2004, p. 43.

[28] Richard Woodman, *Arctic Convoy 1941-1945*, John Murray, London, 1994, p. 269.

He.111 che erano seguiti degli Ju.88. Utilizzando una nuova tattica anti-convoglio chiamata "*Golden Zange* (Pettine d'Oro), i velivoli lanciarono un grosso fascio di almeno settanta siluri contro le navi della colonna esterna di dritta del convoglio, per poi ritirarsi il più velocemente possibile, lasciandosi dietro la perdita di cinque aerei, quattro He. 111 del I./KG.26 e uno Ju.88 del III./KG.26, tutti abbattuti dalla contraerea.

Al segnale convenuto di deviazione di rotta a un tempo di 45° trasmesso dalla nave del commodoro con fumata all'albero, alzo bandiera rossa e segnale a sirena, il piroscafo *Ocean Voice*, la nave del commodoro, che si trovava in testa a una delle due colonne centrali, la nona, a fianco all'incrociatore *Scylla* sull'altra colonna, le navi del convoglio manovrarono per schivare i siluri in arrivo. Vi riuscirono quelle delle tre colonne interne e di sinistra, tranne due, ma non sei navi delle prime due colonne del lato dritto dell'attacco, che non avevano effettuato la tempestiva deviazione di rotta.

L'attacco degli aerosiluranti tedeschi accolti da un intenso tiro di sbarramento e puntamento diretto delle navi del convoglio.

Furono colpiti dai siluri uno dopo l'altro ben otto piroscafi: *Empire Stevenson*, di 6.209 tsl, *Empire Beaumont*, di 7.044 tsl, *Wacosta*, di 5.432 tsl, *Oregonian*, di 4.826 tsl, *Africander*, di 5.441 tsl, *Sukahona*, di 3.124 tsl, *Macbeth*, di 6.131 tsl, e *John Penn*, di 7.177 tsl. Di essi l'*Empire Stevenson* (capitano Alec Charles Radley), preso di mira da un He.111 e colpito da un siluro, essendo carico di munizioni, saltò in aria con detonazione formidabile, che uccise l'intero equipaggio di cinquantanove uomini e fece sparire la nave in pochi minuti, lasciando un'enorme nuvola sul punto dell'affondamento. Gli altri piroscafi affondarono più lentamente, mentre i superstiti degli equipaggi furono raccolti dalle navi scorta più piccole e poi trasferiti sulla nave salvataggio *Copeland*, che poi a sua volta li trasferì sulle motolance *MMS-90*, *MMS-203* e *MMS-212*.

Dei cinque aerosiluranti abbattuti si salvarono soltanto gli uomini dell'equipaggio al completo di un He.111, che fu recuperato dal sommergibile *U-457* (capitano di corvetta Karl Brandenburg), e due uomini di un altro velivolo He.111, della 2ª Squadriglia, raccolto da un He.115 del servizio aereo recuperi. Sull'opera di soccorso delle navi silurate il comandante della 6ª Flottiglia Dragamine, sull'*Harrier* (capitano di fregata Alan David Hasrings Jay), scrisse nella sua relazione:[29]

Copeland rescue	Andre Marti	Charles R McCormick	Kentucky	Empire Baffin
Carrier	AA ship	White Clover	Petrovski	Komiles
Submarine	Hollywood	Exford	St Olaf	Empire Snow (Rear Commodore)
Atheltemplar oiler	Meanticut	Esek Hopkins	Patrick Henry	Empire Beaumont
Oligarch oiler	*Black Ranger* oiler	Empire Morn CAM-ship	Sahale	Empire Tristram
Gray Ranger oiler	Schoharie	Campfire	Lafayette	Temple Arch (COMMODORE)
Tblisi	Goolistan	John Penn	Nathaniel Greene	Ocean Faith
Submarine	AA ship	William Moultrie	Virginia Dare	Dan-y-Bryn (Vice Commodore)
alternative carrier position	Africander	Mary Luckenbach	Wacosta	Empire Stevenson
Oliver Ellsworth 1	Sukhona	Stalingrad 2	Macbeth	Oregonian

Attacco aerosiluranti del 13 settembre, in rosso navi affondate nelle colonne del convoglio, in azzurro le unità militari inserite tra le colonne. Da *Naval History Homepage, Defence of Convoi PQ.18*.

Ju.88 del III./KG.26 a Bardufoss.

---

[29] National Archives, *Rescue Operations during PQ18*, del 18 September 1942, *ADM/758*.

Il piroscafo britannico *Empire Stevenson*, in servizio dal 1941, che trasportando un carico comprendente munizioni colpito da un siluro esplose affondando rapidamente con il suo intero equipaggio di cinquantanove uomini.

Il piroscafo statunitense *Wakosta*, che aveva imbarcato il carico a Philadelphia, affondato da un siluro.

Il piroscafo statunitense *Oregonian*. Affondò rapidamente dopo essere stato colpito da tre siluri sul fianco destro che fu completamente sfasciato assieme alla sala macchine.

Il piroscafo britannico *Ady Brenda*, poi dal 1934 sovietico *Sukahona*, altra nave affondata nel micidiale attacco degli aerosiluranti del KG.26. Era partito con il carico da Leith ed era diretto a Reykjavik.

Alle 1515 otto navi furono silurate dagli aerei. Tutte le navi di soccorso e almeno un cacciatorpediniere raccolsero i sopravvissuti. Mentre questo lavoro era in corso, sei aerosiluranti HE 115 tentarono invano di salvarci la fatica di affondare le navi immobilizzate. All'HMS Sharpshooter fu ordinato di ricongiungersi al convoglio circa alle 1600 in caso di ulteriore attacco. Alle 1645 non si riuscì a trovare più sopravvissuti e ai pescherecci da traino e alle motolance fu ordinato di ricongiungersi. Tre navi, SS John Penn, SS Macbeth e SS Empire Beaumont erano ancora a galla e una quarta, la SS Sukhona, era stata persa a vista nella tempesta di neve senza essere stata vista affondare. Il fuoco fu aperto da HMS Harrier sul SS John Penn e SS Macbeth ma apparentemente inefficace. Non ho ritenuto opportuno utilizzare le cariche di profondità - di cui le navi stavano già preparando - per affondare le navi immobilizzate. Il convoglio era ormai 9 miglia più avanti, fuori dalla vista durante la tempesta di neve, e decisi di abbandonare il tentativo di assicurare che tutte le navi affondassero per scortare i pescherecci da traino e le motovedette al convoglio. Intorno alle 1815 si poteva vedere la poppa di John Penn, ma nessun'altra nave era visibile. Al 1845 HMRS Copeland ricevette l'ordine di fermarsi e 107 superstiti furono da lui trasferiti su una motolancia. Questo fu completato alle 1935 e tutte le navi raggiunsero il convoglio giusto in tempo per un ulteriore attacco alle 2035. In questa occasione non ci furono chiamate di aiuto alla squadra di soccorso.

Alle 16.15 si sviluppò un nuovo attacco di nove idrovolanti He.115 del 1./K.Fl.Gr.406 decollati da Billefiord, che attaccando il convoglio da sud-ovest sotto forte reazione contraerea lanciarono i siluri contro le navi da troppo lontano e non conseguirono alcun successo, se non quello di aver abbattuto, durante la ritirata, uno dei caccia Hurricane della portaerei *Avanger* che stavano inseguendoli. Decedette il pilota britannico, tenente di vascello Edward Winchester Tollemache Taylor, comandante dell'802° Squadron.

Alle 20.35, ormai al crepuscolo, sopraggiunse una formazione di altri dodici He.115 del 1./K.Fl.Gr.906, uno dei quali, abbattuto dal tiro navale, precipitò accanto al cacciatorpediniere *Opportune* (capitano di fregata Manley Lawrence Manley). Vi furono tre morti.

In definitiva, nel corso degli attacchi aerei della giornata andarono perduti da parte tedesca: quattro aerosiluranti He.111 del I./KG.26, tre aerosiluranti Ju.88 del III./KG.26, uno aerosilurante He.111 del 1./K.Fl.Gr.906, e tre bombardieri Ju.88 del III./KG.30. Infine, risulta che due bombardieri Ju.88 del I./KG.30, al rientro da una missione, entrarono in collisione nell'atterraggio a Petsamo, ed uno di essi rimase completamente fuori uso. Quindi in totale le perdite furono di 13 velivoli. Dei quattro aerei del I./KG.26 due equipaggi furono raccolti dagli idrovolanti del servizio soccorso, e uno l'indomani dal sommergibile *U-457*.[30]

---

[30] Luftwaffe and Allied Air Force Discussion Forum, *Lost PQ18 September 1942* (robert); Luftwaffe Sig home page (Internet).

Idrovolante He.111 armato con siluro. Velivoli lenti attaccarono il convoglio PQ.18, ma senza successo.

Il pilota e il navigatore nella cabina di un velivolo He.111.

7) L'attacco degli U-Boote e l'insuccesso degli aerei tedeschi del 14 settembre

Per tutta la notte tra il 13 e il 14 settembre gli allarmi provocati dalla presenza dei sommergibili tedeschi furono incessanti. I radiogoniometri delle navi di scorta rilevarono che almeno cinque U-Boote si mantenevano nella zona del convoglio. Gli operatori agli asdic esercitavano la più attenta vigilanza, ma d'estate è risaputo che le condizioni del Mare Artico, specialmente in estate, riducono l'efficienza degli apparati di ascolto, dando ai sommergibili un grande vantaggio.

Ed infatti alle 03.30 del mattino del 14 settembre due sommergibili tedeschi, prima l'*U-457* e poi *U-408*, riuscirono a superare lo schermo delle navi di scorta del convoglio, lanciando i siluri contro la nave che appariva più grossa, la petroliera di squadra britannica *Atheltemplar* (capitano Carl Ray), di 8.939 tsl, con un carico di 9,400 tonnellate di nafta che serviva per rifornire in mare i cacciatorpediniere e le altre unità minori del convoglio. L'*U-457* (capitano di corvetta Karl Brandenburg), dopo aver evitato il cacciatorpediniere *Impulsive* (capitano di corvetta Norman Lanyon) che lo aveva scoperto, lanciò per primo e colpì la petroliera con un siluro, causando l'allagamento della sala macchine della nave che era rimasta immobilizzata e abbandonata a sud-ovest dell'Isola degli Orsi dall'equipaggio (19 morti e 42 superstiti), raccolto dai dragamine *Sharpshootere* e *Harrier*. Dopo una discussione per cercare di portare la *Atheltemplar* a Lowe Sound a rimorchio dello *Sharpshootere*, di fronte al pericolo di altri attacchi aerei anche per il dragamine che doveva trascinarla, la petroliera fu avvicinata dal cacciatorpediniere *Tartar* (capitano di fregata John Reginald Joseph Tyrwhitt), che poi si allontanò convinto di avergli dato il colpo di grazia con il cannone. Ma sembra che l'effetto non fosse stato efficace poiché l'*Atheltemplar*, il cui scafo in fiamme si era capovolto, fu raggiunta dall'*U-408* (capitano di corvetta Reinhard von Hymmen), che l'affondò con il suo cannone da 88 mm.

La petroliera britannica *Atheltemplar* che fu silurata e affondata dal sommergibile tedesco *U-457*.

Successivamente il cacciatorpediniere *Onslow* (capitano di vascello Harold Thomas Armstrong), in collaborazione con un velivolo Swordfish dell'825° Squadron della portaerei *Avanger* che alle 09.30 aveva avvistato un sommergibile tenendone il contatto, attaccò e affondò dopo ricerca asdic con le cariche di profondità l'*U-589* (capitano di corvetta Hans-Jihakim Horrer), con il quale si persero quarantaquattro uomini. Il pomeriggio del giorno precedente il sommergibile, come detto, aveva raccolto in mare l'equipaggio di un aerosilurante He.111 del I./KG.26, a 110 miglia a sud-ovest dello Spitsbergen.[31]

La portaerei di scorta *Avanger*. Sul ponte di volo due velivoli Swordfish dell'825° Squadron.

Il cacciatorpediniere *Onslow*. Il 14 settembre affondò con le bombe di profondità il sommergibile *U-589*, che era stato avvistato da un velivolo Swordfish (pescespada) della portaerei di scorta *Avanger*.

---

[31] Kenneth Wynn, *U-Boat Operations of the Second World War*, Volume 1° e 2°, Chatham Publishing, London, 1998.

Il comandante dell'*U-589*, capitano di corvetta Hans-Joachim Horrer, e il suo equipaggio.

Alle 12.40 del 14 settembre, ebbero inizio gli attacchi aerei della giornata, con l'ordine di concentrare l'azione sulla portaerei di scorta *Avanger* per cercare di affondarla. Lo stesso maresciallo del Reich Hermann Göring, Comandante in Capo della Luftwaffe, con intervento personale aveva segnalato che la distruzione del convoglio nemico aveva un importanza decisiva, ordinando alla 5ª Luftflotte l'intervento di tutti gli aerei disponibili. Ma gli attaccanti trovarono una sorpresa sgradevole.

Dopo la prima giornata di attacchi che aveva portato gli aerosiluranti tedeschi ad affondare di sorpresa in un solo colpo otto piroscafi, fu ordinato al comandante della portaerei *Avanger* di cambiare tattica, utilizzando gli aerei da caccia contro gli aerosiluranti, ignorando i bombardieri. A tale scopo le sezioni degli Hurricane furono rilevate in volo a brevi intervalli in modo che esse non si trovassero a corto di benzina e di munizioni in caso di attacco imprevisto. Tutti gli altri caccia dovevano essere tenuti sulla portaerei finche non si potesse giudicare delle proporzioni e della forza dell'attacco tedesco. Se l'attacco fosse apparso preoccupante, allora i caccia dovevano decollare per attaccare il nemico. Se l'attacco fosse sembrato di piccole proporzioni, i caccia non si sarebbero alzati. La nuova tattica si dimostrò efficacissima e fu accoppiata a un'accuratezza maggiore nel tiro contraereo, migliorata con l'esperienza.

Quando sopraggiunsero per primi sul convoglio venti aerosiluranti Ju.88 del III./KG.26, che erano stati segnalati dai radar in avvicinamento, essi furono intercettati da dieci caccia Sea Hurricane, alcuni già in volo altri tenuti pronti sul ponte di volo dell'*Avanger* e decollati immediatamente dalla portaerei. Nel combattimento aereo che seguì, facendo fallire la possibilità per gli aerosiluranti di coordinare l'attacco con quello dei bombardieri del I./KG.30 che stavano seguendo, invece di precederli a causa di un inaspettato ritardo di venticinque minuti, tre Ju.88 furono abbattuti dai caccia Hurricane, un altro della Squadriglia Comando (Stab.I./KG.26) dal fuoco delle navi, e altri due furono danneggiati, tanto che uno di essi nel rientrare a Banak si sfasciò in atterraggio, andando fuori uso.

Un caccia Sea Hurricane viene spostato sul ponte di volo della portaerei di scorta Avanger. Nella scorta al convoglio PQ.18 l'*Avanger* aveva a bordo dodici Hurricane, sei dell'802° Squadron e sei dell'883° Squadron, e tre velivoli antisom Swordfish dell'825° Squadron.

La portaerei di scorta britannica *Avanger* ripresa da un aereo in navigazione. Sul ponte di volo allineati pronti al decollo sei caccia Sea Hurricane, che poi risultarono determinanti per contrastare efficacemente l'attacco degli aerosiluranti tedeschi del 14 settembre.

L'elevatore dell' *Avanger* nel sottostante hangar. Come si può vedere il caccia Hurricane ha le ali fisse, e ciò portava la portaerei a poter disporre di un limitato numero di velivoli, appena quindici.

Decedettero quattordici uomini degli equipaggi, mentre da parte britannica furono abbattuti dal fuoco amico, ossia dai piroscafi e delle unità di scorta, tre Hurricane dell'*Avanger*, i cui piloti per inseguire gli aerosiluranti erano entrati coraggiosamente nella duplice cintura del tiro di sbarramento delle navi, che per ordine del commodoro Boddam-Whetham avevano effettuato una manovra di emergenza di 45 gradi. I tre piloti furono raccolti dalle navi di scorta.[32]

Alle 12.50 il convoglio fu attaccato senza esito dai bombardieri Ju.88 del I./KG.30, uno dei quali ebbe il mitragliere ferito. Subito dopo, al comando del maggiore Klümper, arrivarono ventidue aerosiluranti He.111, che nella manovra di avvicinamento si divisero in due gruppi di uguale consistenza, attaccando il PQ.18 da due direzioni. Ma accolti da una forte reazione di cannoni e mitragliere soltanto due velivoli, quello di Klümper e di un suo gregario, riuscirono a lanciare i siluri abbastanza vicino contro la portaerei, ma senza riuscire a colpirla, mentre invece un altro velivolo diresse contro il piroscafo *Mary Luckenbach* - ex *Sac City* (capitano Master John Chadwick), di 6.629 tsl, che avendo a bordo 1.000 tonnellate di esplosivo TNT e trovandosi sulla sfortunata colonna del fianco destro del convoglio, colpito da un siluro esplose sparendo dalla superficie del mare con sessantacinque uomini, quarantuno dell'equipaggio e ventiquattro della Guardia Costiera statunitense. Sopravvisse un solo marinaio, gettato fuori bordo dall'esplosione, mentre il vicino piroscafo *Nathanael Greene* fu colpito da numerosi rottami incandescenti, e anch'esso perse un uomo finito in mare. Il moto dragamine *MMS-212* riferì che l'aereo che aveva silurato il *Mary Luckenbach* fu visto precipitare in mare sul lato destro a mezzo miglio di distanza.

---

[32] Luftwaffe and Allied Air Force Discussion Forum, *Lost PQ18 September 1942* (robert); Luftwaffe Sig home page (Internet.

Ore 13.30 del 14 settembre 1942, attacco aereo al convoglio PQ.18. La bomba di uno Ju.88 del KG.30 esplode vicinissima al cacciatorpediniere di scorta *Wheatland* della classe "Hunt". In primo piano il cacciatorpediniere di squadra *Eskimo* della classe "Tribal".

L'esplosione del piroscafo statunitense *Mary Luckenbach*, con 1.000 tonnellate di esplosivo TNT, dopo essere stato colpita dal siluro di un He.111 del I./KG.26, comandato dal maggiore Werner Klümper.

l costo del deludente attacco fu in realtà costituito per i tedeschi dalla perdita di sette He.111, abbattuti, e di ventotto uomini degli equipaggi deceduti. Altri due velivoli restarono danneggiati, ma riuscirono a rientrare a Bardufos, con un morto e due feriti.[33]

---

[33] *Ibidem.*

Il piroscafo statunitense *Sac City*, poi *Mary Luckenbach*, che il 14 settembre fu affondato esplodendo dopo essere stato colpito da un siluro di un He.111 del I./KG.26.

Durante i due attacchi l'*Avanger*, trovandosi assieme alla nave contraerea *Ulster Queen* (capitano di vascello Charles Keith Adam) staccata dal convoglio, onde avere libertà di manovra per le operazioni di volo, era stata validamente protetta anche dalle artiglierie e dalle mitragliere dei suoi due cacciatorpediniere di scorta del tipo "Hunt", il *Wheatland* e il *Wilton*, per cui essa non subì alcun danno e potette assolvere bene la sua missione. Il comandante della portaerei, capitano di fregata Colthurst, riferì che erano stati schivati non meno di diciassette siluri, e il successo difensivo conseguito, definito dal contrammiraglio Burnet *"un'azione molto soddisfacente"*, portò *"ad un senso di esultanza tra le navi di scorta"*, i cui equipaggi sostennero di aver abbattuto venti aerei, senza che alcuna delle navi fosse stata colpita.[34]

Il cacciatorpediniere di scorta *Weatland* che assieme al gemello *Wilton* era assegnato alla protezione della portaerei *Avanger*. Aveva sei cannoni da 102 mm, particolarmente efficaci per la loro rapidità al tiro contraereo.

---

[34] Ian Campbell e Donald Macintyre, *Destinazione Cola*, Baldini & Castoldi, Milano, 1960, p. 168-169.

La nave contraerea ausiliaria *Ulster Queen*. Contribuì alla difesa della portaerei *Avanger* nell'attacco degli aerosiluranti.

Alle 14.37 arrivarono sul convoglio diciotto bombardieri Ju.88 del III./KG.30, che furono costretti a sganciare in picchiata le loro bombe attraverso gli squarci nella cortina di nubi. Uno degli Ju.88 fu colpito dalla contraerea e andò perduto con i quattro uomini dell'equipaggio; un altro si sfasciò in atterraggio a Banak.[35] Non poterono intervenire gli Hurricane dell'*Avanger* perché dopo il precedente duro combattimento si stavano rifornendo e riarmando.

Il Maggiore pilota Werner Baumbach, comandante del III./KG.30, in volo sul suo Ju.88A ripreso con il suo navigatore.

---

[35] Luftwaffe and Allied Air Force Discussion Forum, *Lost PQ18 September 1942* (robert); Luftwaffe Sig home page (Internet).

Le perdite della giornata della 5ª Luftflotte del 14 settembre si conclusero con il mancato rientro alla base di quattro He.115 del 1./K.Fl.Gr.406, ma non sembra che sia avvenuto per azione nemica, o che vi contribuisse. Ebbero tutti degli incidenti, probabilmente avvenuti nei voli di ricognizione o per raccogliere gli equipaggi degli aerei abbattuti, a causa delle sfavorevoli condizioni atmosferiche di mare, nubi, nebbia e neve. Uno dei lenti e vecchi He.115, la cui velocità era di appena 200 km/h e con l'equipaggio allo scoperto, si schiantò in mare vicino allo Spitzbergen, di un altro non si seppe più nulla, e altri due precipitarono in ammaraggio. Tre aviatori decedettero e altri tre furono salvati da altri idrovolanti He.115.[36]

Complessivamente, le perdite riportate dalla Luftwaffe, che nel corso delle azioni dei giorni 13 e 14 settembre aveva affondato nove navi mercantili, furono di venticinque velivoli dei quali diciannove aerosiluranti (undici He.111, sette Ju.88 e uno He.115), due bombardieri Ju.88 e 4 idrovolanti He.111.[37] Su questo risultato della difesa del convoglio, i britannici si dissero certi che tali dure perdite, da essi all'epoca quantificate in ben quaranta velivoli e ritenute particolarmente gravi fra i molto addestrati piloti degli aerosiluranti tedeschi, sarebbero state la causa principale del costante declino degli attacchi aerei sia come entità e sia come vigore, mentre invece sappiamo che vi influirono, come vedremo nelle conclusioni, errori nella tempestività degli attacchi coordinati tra bombardieri e aerosiluranti, e le cattive condizioni atmosferiche che tennero a terra le formazioni aeree, e generarono incidenti a ripetizione.

Comunque alla fine della giornata del 14 settembre il I./KG.26 era rimasto con soli otto aerei in grado di operare, perché oltre alle perdite molti He.111 abbisognavano di riparazione; ma era una cosa normale che capitava anche agli aerosiluranti italiani nel Mediterraneo, dopo un deciso attacco ad un convoglio fortemente protetto, in cui tutti i velivoli attaccanti venivano colpiti da proiettili e da schegge. E questo lo sapevano, per gli stessi motivi, anche i britannici.

8) L'entrata del convoglio PQ.18 nel Mar Bianco e gli ultimi tentativi di attacco tedeschi.

Il mattino del 15 settembre, il convoglio PQ.18 si trovava 400 miglia distante dall'aeroporto di tedesco di Banak, e come accennato, anche il maltempo, con forte vento, scrosci di pioggia, nevischio e neve, dette un aiuto alla difesa del convoglio, che fu attaccato da un solo Ju.88. Il fatto che i convogli inglesi si mantenessero tanto distanti dalle coste settentrionali della Norvegia e della Penisola di Cola, non permetteva ai tedeschi l'impiego dei micidiali bombardieri in picchiata Ju.87 del 1° Gruppo del 5° Stormo (I./St.G.5), impegnati con il Fliegerführer Nord del colonnello Alexander Holle ad appoggiare le operazioni sul fronte terrestre; e neppure di poter disporre nella stessa zona e sotto il medesime comando dei velivoli da caccia Bf.109 del 5° Stormo (JG.5) per scortare bombardieri e aerosiluranti come avveniva nel Mediterraneo dove i tratti di

---

³⁶ *Ibidem.*

³⁷ *Ibidem.* Su queste perdite il ricercatore ha riportato le sigle dei velivoli, estratte dagli elenchi della Luftwaffe, che danno alle cifre la dovuta attendibilità.

mare da percorrere per raggiungere gli obiettivi erano molto ridotti. E ciò, per la presenza di una nave portaerei, nei convogli artici era un grave handicap.

Il 16 settembre il cacciatorpediniere *Impulsive* (capitano di corvetta Edward Gregson Roper), una delle unità di scorta del convoglio PQ.18, che possedeva personale esperto e ben addestrato, con un rapido attacco e lancio di bombe di profondità affondò nel Mar di Barents, a 410 miglia a nord-est del porto sovietico di Murmansk, l'*U-457* (capitano di corvetta Karl Brandemburg), uno dei tre sommergibili tedeschi che tentavano di prendere contatto con il convoglio.

Il cacciatorpediniere *Impulsive* che il 16 settembre localizzo e affondò il sommergibile tedesco *U-457*.

Nell'immagine, alquanto confusa, ripresa a Ofotfjord presso Narwik nel luglio 1942 i sommergibili *U-408* e *U-457* presso una nave appoggio.

Sempre il 16 settembre, verso mezzogiorno gli aerei da ricognizione tedeschi persero il contatto con il convoglio per le cattive condizioni atmosferiche, con nubi molto basse e fitta nebbia. Avevano però segnalato che il PQ.18 era costituito da trentuno navi mercantili, una portaerei, un incrociatore pesante, tredici cacciatorpediniere e otto unità di scorta. Sempre per le condizioni sfavorevoli del tempo non fu possibile alla Luftwaffe di realizzare un qualche attacco.

Nel pomeriggio di quel giorno, il contrammiraglio Burnet, con la sua formazione di cacciatorpediniere e le unità del gruppo della portaerei *Avanger*, si staccarono dal convoglio PQ.18 per andare ad assumere la scorta al convoglio inverso QP.14. A rinforzare la scorta del PQ.18 nella sua rotta per Arcangelo l'indomani, 17 settembre, arrivarono da Murmansk i previsti quattro cacciatorpediniere sovietici *Gremyshchi, Kuibishey, Socrushiteiney* e *Uritski*. Alle 15.51 il sommergibile *U-251* (tenente di vascello Heinrich Timm) avvisto tre cacciatorpediniere e aerei che fu ritenuto appartenessero alla portaerei, ma gli altri sommergibili in zona non furono in grado di attaccare nessuno dei due convogli.

Il sommergibile *U-251* rientra a Narvik nel giugno 1941 da una missione nel Nord Atlantico.

Frattanto il maggiore pilota Hopps, comandante degli aerei britannici mandati in Russia, impiegò al massimo ogni velivolo disponibile. Gli idrovolanti Catalina del 210° Squadron, che disponevano dell'apparato radar di scoperta navale ASV II, continuarono la loro sorveglianza antisommergibile e per la ricerca delle navi di superficie tedesche, coprendo una zona di mare di 120 miglia (190 km) della costa norvegese da Narvik a est di Capo Nord. Qualsiasi unità navale che percorresse quella zona sarebbe stata rilevata dal radar. Nel frattempo, gli Spitfire fotografarono gli ancoraggi e gli Hampden effettuarono lunghe ricognizioni nelle acque settentrionali della Norvegia.

Da parte tedesca, persistendo il cattivo tempo, il 18 settembre due aerosiluranti Ju.88 del III./KG.30 entrarono in collisione nell'atterrare a Banak, e riportarono gravi danni, uno del 30% l'altro, della 5ª Squadriglia (tenente pilota Günter Trest), addirittura del 70%, mentre tra gli equipaggi vi furono un morto e quattro feriti. Non conosciamo se i due aerei erano stati impiegati nella ricerca delle navi, o avevano un'altra missione, poiché i convogli si trovavano ora assai distanti da Banak. E' pero interessante sapere che questo stesso giorno 18 i piloti di caccia sovietici dichiararono di aver abbattuto due Ju.88.

Lo stesso giorno (altri fonti riportano il 9 settembre) andò perduto uno dei sommergibili sovietici che si trovava in agguato presso le coste norvegesi di Tanafioird, il *K-2* (Capitano 3ª Classe Utkin). Si ritenne che fosse andato ad urtare una mina. Era un'unità oceanica moderna, essendo entrato in servizio il 26 maggio 1940, dal dislocamento di 1.490 tonnellate, armato con dieci tubi di lancio (ventiquattro siluri), due cannoni e due mitragliere, ed era in grado di portare all'occorrenza venti mine. Il raggio d'azione era di14.000 chilometri.

Il sommergibile sovietico *K-3*. Alla stessa classe apparteneva il *K-2* probabilmente affondato su mine tedesche.

Il 19 settembre alle 10.30, preavvertiti dal radar della nave ausiliaria contraerea *Ulster Queen*, soltanto otto aerosiluranti He.111 del I./KG.26 e alcuni Ju.88 da bombardamento del III./KG.30 attaccarono il convoglio, senza conseguire risultati. Alle 11.30 attaccò un secondo gruppo di aerosiluranti He.111 del I./KG,26, e in questa azione fu colpito nella stiva n. 2 da un siluro il piroscafo statunitense *Kentucky*, di 5.446 tsl, che dopo essere stato abbandonato dall'equipaggio esplose e affondò, a 35 miglia ad ovest di Capo Kanin, prima del sopraggiungere dei rimorchiatori mandati in aiuto. Tuttavia, cinquantaquattro uomini dell'equipaggio ebbero il tempo di scendere in mare nelle scialuppe di salvataggio e furono poi recuperati da due dragamine britannici.

Uno dei quattro velivoli tedeschi ritenuti ottimisticamente abbattuti dalla difesa, di cui due dalla nave contraerea *Ulster Queen* (capitano di vascello Charles Keit Adam), fu accreditato al capitano pilota A.H. Barr. Decollato con il suo caccia Hurricane dalla nave catapulta aerei *Empire Morn* che era inserita nel convoglio, andò poi ad atterrare nell'aeroporto di Arcangelo che si trovava alla distanza di 240 miglia, con una rimanenza di solo 15 litri di benzina.[38]

Le azioni aeree contro le navi del PQ.18, ormai entrato nel Mar Bianco, si conclusero il 20 settembre con l'attacco di un'altra formazione di dodici bombardieri Ju.88 del I./KG.30 decollati da Banak, che non avendo rintracciato l'obiettivo presero di mira, senza riuscire a colpirli, i dragamine sovietici *T-833* e *T-887*. I comandanti dei cacciatorpediniere sovietici riferirono di aver abbattuto cinque He.111.

Bombardiere Ju.88 della 3ª Squadriglia del I./KG.30.

I tedeschi riportarono la perdita in Russia di un Ju.88 del I./KG.30 impegnato sul fronte terrestre, abbattuto in combattimento a Kvitesjoen,[39] facendo aumentare, impropriamente, il numero dei velivoli andati distrutti nell'attacco al PQ.18, o per incidenti, a trentatré, a cui vanno aggiunte le perdite umane di novanta uomini d'equipaggio.[40] Roskill riporta che nell'attacco al convoglio, i velivoli della 5ª Luftflotte avevano complessivamente svolto 337 missioni velivolo, cifra che corrisponde a quella di un documento dell'Addetto Aeronautico italiano a Berlino del 1942 trasmesso a Superaereo (Vedi Annesso).[41]

Il 21 settembre 1942 il convoglio PQ.18, che comprendeva ventisette navi mercantili ancora indenni, raggiunse il porto di Arcangelo, iniziando lo scarico, concluso il 20 ottobre, di 150.000 tonnellate di merci varie, nonché esplosivi, forniture mediche, autocarri, 320 carri armati e ben 270 aerei. Nel fare un bilancio totale, tra i trentatré aerei tedeschi perduti vi erano ventitré aerosiluranti

---

[38] Ian Campbell e Donald Macintyre, *Destinazione Cola*, Baldini & Castoldi, Milano, 1960, p. 179.

[39] Luftwaffe and Allied Air Force Discussion Forum, *Lost PQ18 September 1942* (robert); Luftwaffe Sig home page (Internet).

[40] Nell'appoggio alla battaglia terrestre andarono perduti anche due caccia Fw.190 del II./JG.5.

[41] Stato Maggiore Aeronautica Ufficio Storico, *Ufficio del Colonnello R.A. presso l'OB.d.L. – Sezione Informazioni, Alcune notizie sulle azioni offensive effettuate dai tedeschi contro i convogli anglo-americani in navigazione nell'Oceano Glaciale Artico.*

He.111 e Ju.88 del KG.26, cinque idrovolanti He.115 del 1./906 (di cui uno aerosilurante) e cinque bombardieri Ju.88 del KG.30. (vedi tabella a fine articolo)

Inoltre, poiché risulta che il 40° Stormo di base a Bordeaux, che aveva in Norvegia la sua 10ª Squadriglia, perse in quei giorni nelle normali lunghe navigazioni dell'Atlantico quattro dei suoi quadrimotori FW.200 "Kondor", evidentemente allo scopo di far numero, si è fatta, arbitrariamente, salire la cifra delle perdite aeree tedesche nell'Artico a trentasette velivoli (altre fonti parlano di 41 velivoli). Cosa che può servire dal punto di vista britannico, ma che per le perdite delle operazioni contro il convoglio PQ.18 ci appare discutibile, semmai riportabile alla Battaglia dell'Atlantico. In quei giorni, a ovest dell'Irlanda, dodici sommergibili tedeschi attaccarono tra il 10 e il 14 settembre il convoglio ON.127, colpendo quindici navi, affondandone otto per 51.619 tonnellate, compreso il cacciatorpediniere canadese *Ottawa* (capitano di corvetta Clark Anderson Rutherford), silurato dall'*U-91* (tenente di vascello Heinz Walkerling), e del quale vi furono centoquattordici morti tra i membri dell'equipaggio. Uno dei FW.200, della 5./KG.40, fu abbattuto. Nella zona della Norvegia risulta che l'8 settembre tre FW.200, uno del I./KG.40 e due del II./KG.40, avevano riportato lievi danni (10% per velivolo); il primo per incidente in atterraggio a Varnes, gli altri due per fuoco contraereo nemico, di origine sconosciuta, senza alcun danno per gli uomini degli equipaggi.[42]

15/Br COPELAND 1526/23 Rescue Ship	14/Rus ANDRE MARTI 2352/18	13/US CHARLES R McCORMICK 6027/20	12/US 13. KENTUCKY (a/c, 18th, beached) 5446/21	11/Br EMPIRE BAFFIN 6978/41
Escort carrier	AA ship	23/Pan WHITE CLOVER 5462/20	22/Rus PETROVSKI 3771/21	21/Rus KOMILES 3962/32
Submarine	34/US HOLLYWOOD 5498/20	33/US EXFORD 4969/19	32/US ST OLAF 7191/42	31/Br EMPIRE SNOW 6327/41 Rear Commodore
45/Br 11. ATHELTEMPLAR (U.457 torp/U.408 gun, 14th) 8992/30 Escort Oiler	44/US MEANTICUT 6061/21	43/US ESEK HOPKINS 7191/42	42/US PATRICK HENRY 7191/41	41/Br =3. EMPIRE BEAUMONT (a/c, 13th) 7044/42
?/Br OLIGARCH 6894/18 Escort Oiler	54/Br BLACK RANGER 3417/41 Escort Oiler	53/Br EMPIRE MORN 7092/41 CAM ship	52/US SAHALE 5028/19	51/Br EMPIRE TRISTRAM 7167/42
65/Br GRAY RANGER 3313/41 Escort Oiler	64/US SCHOHARIE 4971/19	63/US CAMPFIRE 5671/19	62/US LA FAYETTE 5887/19	61/Br TEMPLE ARCH 5138/40 Commodore
75/Rus TBILISI 7169/12	74/Br GOOLISTAN 5851/29	73/US =3. JOHN PENN (a/c, 13th) 7177/42	72/US NATHANIEL GREENE 7177/42	71/Br OCEAN FAITH 7173/42
Submarine	AA ship	83/US WILLIAM MOULTRIE 7177/42	82/US VIRGINIA DARE 7176/42	81/Br DAN-Y-BRYN 5117/40 Vice Commodore
Escort carrier	94/Pan =3. AFRICANDER (a/c, 13th) 5441/21	93/US 12. MARY LUCKENBACH (ammunition) (a/c, 14th) 5049/19	92/US =3. WACOSTA (a/c, 13th) 5432/20	91/Br =3. EMPIRE STEVENSON (a/c, 13th) 6209/41
105/US 2. OLIVE RELLSWORTH (U.408, 13th) 7191/42	104/Rus =3. SUKHONA (a/c, 13th) 3124/18	103/Rus 1. STALINGRAD (U.408, 13th) 3559/31	1017/Pan =3. MACBETH (a/c, 13th) 4941/20	1017/US =3. OREGONIAN (a/c, 13th) 4862/17

La disposizione delle navi mercantili e unità militari (azzurro) nelle colonne del convoglio PQ.18 e in rosso le tredici navi che furono affondate. Da *Naval History Homepage, Defence of Convoi PQ.18*.

---

[42] Luftwaffe and Allied Air Force Discussion Forum, *Lost PQ18 September 1942* (robert); Luftwaffe Sig home page (Internet).

Alle perdite tedesche si aggiungevano quelle di tre sommergibili (con centotrentacinque uomini d'equipaggio), sui dodici impiegati dalla 11ª Flottiglia, e in totale di duecentoventicinque uomini, ma nel contempo i sommergibili avevano affondato tre navi del convoglio, tra cui la grande petroliera di squadra *Atheltemplar*.

Le perdite del convoglio PQ.18, furono di tredici navi mercantili per 75.657 tsl (dieci delle quali affondate dagli aerosiluranti del KG.26 e tre dai sommergibili), di un sommergibile sovietico con sessantotto marinai, diciassette aerei, dei quali cinque dei quindici Hurricane della portaerei *Avanger* (quattro abbattuti e uno gettato fuori bordo, oltre a un pilota deceduto); e vi furono centosettanta morti e cinque prigionieri. Si aggiungeva poi il fatto che con le navi affondate si persero, oltre alle materie prime, esplosivi e veicoli di ogni tipo, anche circa quaranta carri armati e ben settantotto aerei, che vennero a mancare ai sovietici.

Considerando queste cifre occorre dire che l'azione tedesca non ebbe poi quel massacro di perdite aeree (41 velivoli) che si è voluto reclamizzare nel corso degli anni, anche se indubbiamente, di fronte al disastro del precedente convoglio PQ.17, questa volta la forte scorta del PQ.18 aveva conseguito importanti innovazioni e successi; primo fra tutti quello di aver inserito nel convoglio una nave portaerei di scorta, e una maggiore difesa antiaerea (incluso un incrociatore) e antisommergibile, che poi furono la consuetudine per ogni altro convoglio inviato nell'Unione Sovietica passando per il Mar di Barents e per il Mar di Cola.

Ma erano pur sempre scorte insufficienti se si considera quale era la situazione delle scorte che venivano impiegate nella protezione dei convogli per Malta, nel Mediterraneo.

Se ne riportano due esempi alle pagine seguenti. Come si vede tutte le navi dei vari reparti di scorta ravvicinata e di gruppi di sostegno e di protezione a distanza, per assicurare al convoglio la migliore difesa contraerea e antisommergibile, navigavano in unica formazione attorno alle navi mercantili. La suddivisione della scorta avveniva nel caso che una formazione di navi italiane cercasse di avvicinarsi per attaccare il convoglio. In tal caso le forze di protezione avrebbero assunto due formazione, una che restava con il convoglio, e l'altra, più potente includendo le navi da battaglia, andava incontro al nemico per impegnarlo in combattimento.

I tedeschi, tuttavia non poterono sperimentare quale sarebbe stata la loro reazione nell'attacco a un prossimo convoglio artico, poiché ai primi di novembre gli stormi KG.26 e KG.30 (meno il Gruppo da bombardamento I./KG.30 rimasto nella sua base di Kemi) furono trasferiti urgentemente in Italia, con basi di partenza in Sardegna e Sicilia, per contrastare l'Operazione "Torch", lo sbarco degli Alleati nell'Africa Settentrionale Francese.

Nello stesso tempo per dare il maggiore appoggio possibile all'Operazione Torch, quasi tutte le unità di scorta britanniche e statunitensi erano state assegnate alla protezione dei convogli d'invasione, e ciò comportò che soltanto al rientro nella loro basi della Gran Bretagna e dell'Islanda, fu possibile riprendere i convogli Artici, il primo dei quali (JG.51/A) prese il mare il 15 novembre, senza incontrare nella rotta un efficace contrasto da parte di bombardieri e aerosiluranti della Luftwaffe.

Gli aerosiluranti tedeschi nel maggio 1943 furono trasferiti dall'Italia nella Provenza, da dove erano più vicini all'intenso traffico del nemico che si svolgeva a levante di Gibilterra, e nello stesso tempo per sottrarli all'offensiva aerea scatenata dagli Alleati contro gli aeroporti dell'Italia meridionale, della Sicilia e della Sardegna. I bombardieri invece restarono quasi tutti in Italia, da dove attaccavano i porti dell'Africa Settentrionale, e continuarono a operare nel Mediterraneo fino al periodo giugno-agosto del 1944, quando con l'invasione della Francia meridionale dovettero abbandonare gli aeroporti della Provenza.

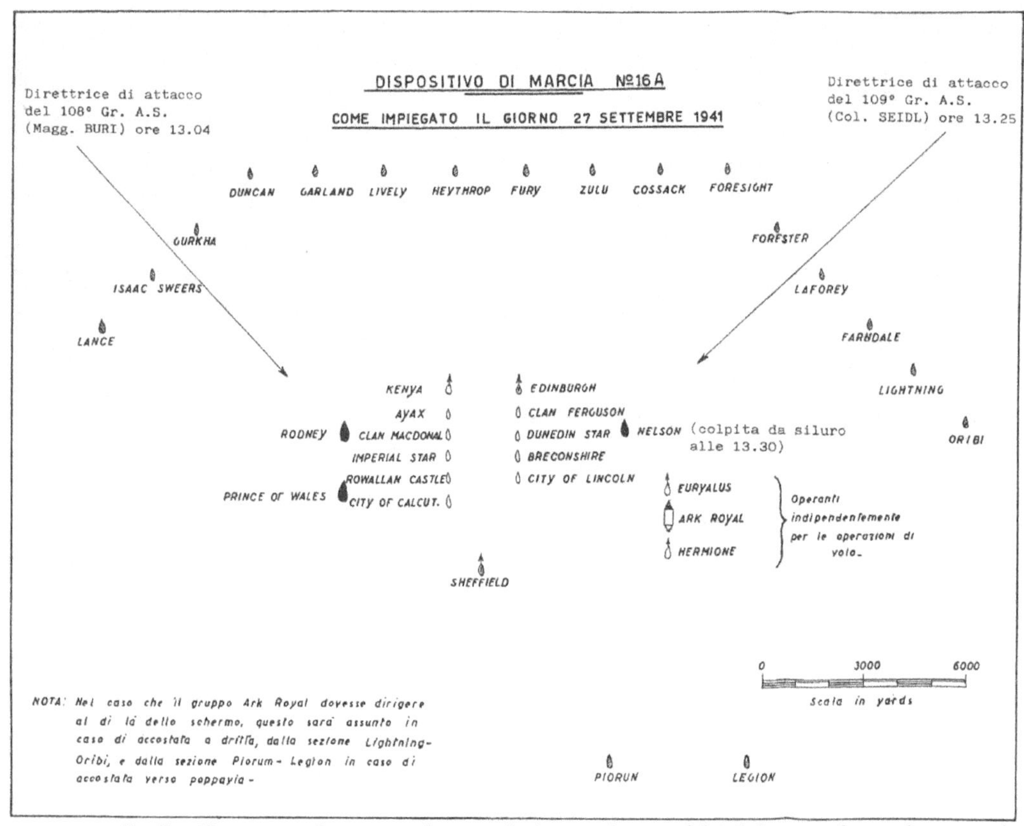

Operazione "Halberd", 27 settembre 1941. L'attacco degli aerosiluranti del 36° Stormo al complesso navale britannico dell'operazione "Halberd", che procede nella disposizione di crociera n. 16/A. Nonostante questa protezione il comandante del 36° Stormo, colonnello Riccardo Helmut Seidl, prima di essere abbattuto perdendo la vista, riuscì a colpire col suo siluro, lanciato alla distanza di 400 metri, la corazzata *Nelson*.

Pertanto le operazioni nell'Artico furono condotte da scarse forze aeree, con gli Ju.88 del I./KG.30 e gli aerosiluranti dei Gruppi costieri 406 e 906, quest'ultimi costretti ad attaccare con le squadriglie dotate degli idrovolanti He.115, lenti e male armati, che non ottennero alcun successo. Maggiori risultati conseguirono invece i sommergibili, anche se al costo di perdite elevate.

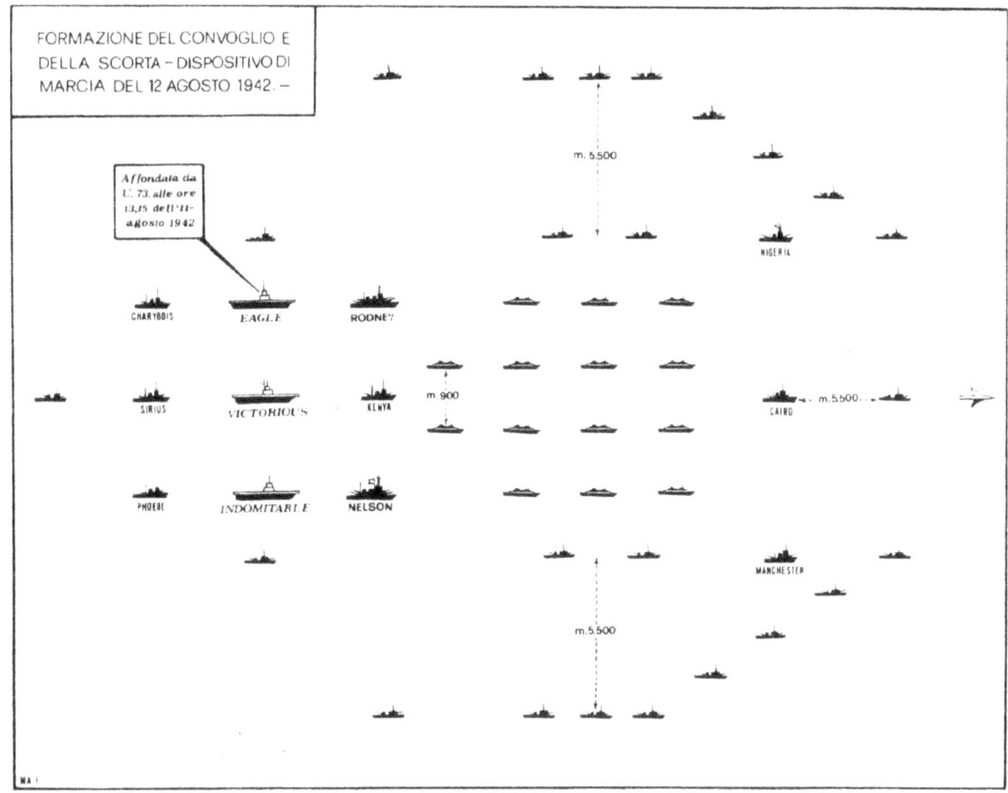

Operazione "Pedestal". La disposizione di crociera della Forza F n. 17 nella giornata del 12 agosto 1942 della navigazione in Mediterraneo del convoglio diretto a Malta. Anche in questo caso gli aerei italiani colpirono con due bombe la portaerei *Victorious*, colpirono con una bomba la corazzata *Nelson*, mentre gli aerei tedeschi colpirono con tre bombe la portaerei *Indomitable*, danneggiandola seriamente, mentre gli aerosiluranti italiani affondarono il cacciatorpediniere *Foresight*. Fu colpito e danneggiato dai bombardieri tedeschi il piroscafo *Deucalion*, poi affondato da aerosiluranti tedeschi.

Secondo l'inedito documento di Superaereo, *Convogli Artici Attacchi 5ª Luftflotte – Maggio – Luglio – Settembre 1942*, gli aerosiluranti impiegati contro il convoglio di settembre furono 136, dei quali 17 velivoli perduti, navi affondate 20, percentuale di colpi a segno 15,5%. I bombardieri impiegati furono 260, dei quali 4 perduti, navi affondate 3, percentuale dei colpi a segno 1,2%. I siluri lanciati furono 250 circa, i siluri messi a segno 50 circa, percentuale dei colpi a segno 20% circa.[43]

Come si può constatare vi era una grossa differenza nelle perdite riportate dal convoglio secondo i dati elaborati dai britannici (quarantuno aerei), oggi rettificati a trentatré aerei, con quelli che all'epoca furono considerati dall'Alto Comando della Luftwaffe, che erano soltanto ventuno aerei. Ciò dipende dal fatto che i primi dati riportano tutte le perdite subite in quei giorni di settembre dai tedeschi, anche per incidenti di volo, mentre il dato dell'OB.d.L. fornisce le perdite riportate dalle formazioni aeree che attaccarono realmente il convoglio PQ.18

---

[43] Stato Maggiore Aeronautica Ufficio Storico, *Ufficio del Colonnello R.A. presso l'OB.d.L. – Sezione Informazioni, Alcune notizie sulle azioni offensive effettuate dai tedeschi contro i convogli anglo-americani in navigazione nell'Oceano Glaciale Artico.*

13. Settembre:	14. Settembre:	18. Settembre:	20. Settembre:
2 × Ju 88 A-4 (III./KG 26)	4 × Ju 88 A-4 (III./KG 26)	2 × Ju 88 A-4 (III./ KG 26)	2 × Ju 88 A-4 (I./KG 30)
4 × He 111 H6 (I./KG 26)	2 × Ju 88 A-4 (III./KG 30)	1 × Ju 88 A-4 (5./ KG 30)	.
1 × He 115 B (1./906)	9 × He 111 H6 (I./ KG 26)	1 × He 111 H6 (I./ KG 26)	.
.	4 × He 115 B (1./406 e 1/906)	.	.
.	1 × He 115 C (1./906)	.	.

** I due Ju.88 del I./KG.30 il 20 settembre partecipavano ad attacchi terrestri in Russia, uno fu abbattuto a Kvitesjöen, l'altro fu gravemente danneggiato (35%) a Pontsalenjoki, ma rientrò alla base effettuando un atterraggio forzato. In tal modo il conteggio perdite contro il PQ.18 di Wikipedia si deve ridurre a trentuno aerei.

Nel documento di Superaereo, sull'attacco aereo e sulle difficoltà in cui esso si svolse, dall'OB.d.L. furono fatte le seguenti considerazioni:

Nell'attacco contro l'ultimo convoglio si ebbero condizioni atmosferiche sfavorevoli, con buona visibilità al limite del mare, ma nubi basse a 7-800 m., che impedirono l'efficace impiego dei bombardieri in picchiata.

Inoltre, disturbi magnetici (aurora boreale) ostacolarono in alcune occasioni il collegamento R.T. In conseguenza venne talmente a mancare il previsto appuntamento degli aerosiluranti con i bombardieri (in tale caso una formazione di aerosiluranti raggiunse il convoglio 25' dopo i bombardieri, quando ormai tutta la caccia nemica era entrata in azione decollando dalla p.a. che scortava il convoglio); si ebbe un rilevante numero di perdite da parte degli aerosiluranti ed una bassa efficacia del tiro di bombardieri. (I bombardieri, a causa delle nubi basse, hanno potuto effettuare un numero limitato di tuffi).

Tuttavia, i risultati conseguiti dagli aerosiluranti, specialmente tenuto conto del fatto che per la prima volta il convoglio era scortato da una nave p.a., sono stati molto soddisfacenti (140.000 tonnellate di naviglio affondato).

Quindi l'idea degli anglo-sassoni che gli attacchi aerei contro il convoglio PQ.17 avessero allarmato i tedeschi per le perdite subite dagli aerosiluranti, che furono ingigantite, ci appare un po' pretestuosa. I tedeschi, pur tenendo conto delle perdite, ritennero i risultati degli attacchi degli aerosiluranti soddisfacenti, meno quelli dei bombardieri per le sfavorevoli condizioni atmosferiche, e questo sebbene per la prima volta fosse stata presente in un convoglio dell'Artico una nave portaerei.[44] Riguardo a

---

[44] Gli attacchi portati contro il convoglio dagli Ju,88 dei Gruppi da bombardamento del I./KG.30 e III./KG.30 furono per la prima volta, da quando cominciarono ad agire contro i convogli artici, molto deludenti. In particolare, il III./KG.30, che sotto il comando del capitano Hans-Joachim 'Hajo' Herrmann avevano ottenuto grandi successi, arrivando ad affondare anche il grosso incrociatore britannico *Trinidad*, al comando del nuovo leader maggiore Werner Baumbach non riuscirono a colpire neppure una nave.

questa portaerei nel documento dell'Addetto Aeronautico italiano a Berlino, erano fatte le seguenti giuste considerazione, soprattutto per gli scarsi risultati conseguiti dai sommergibili, ma senza generare degli allarmismi:

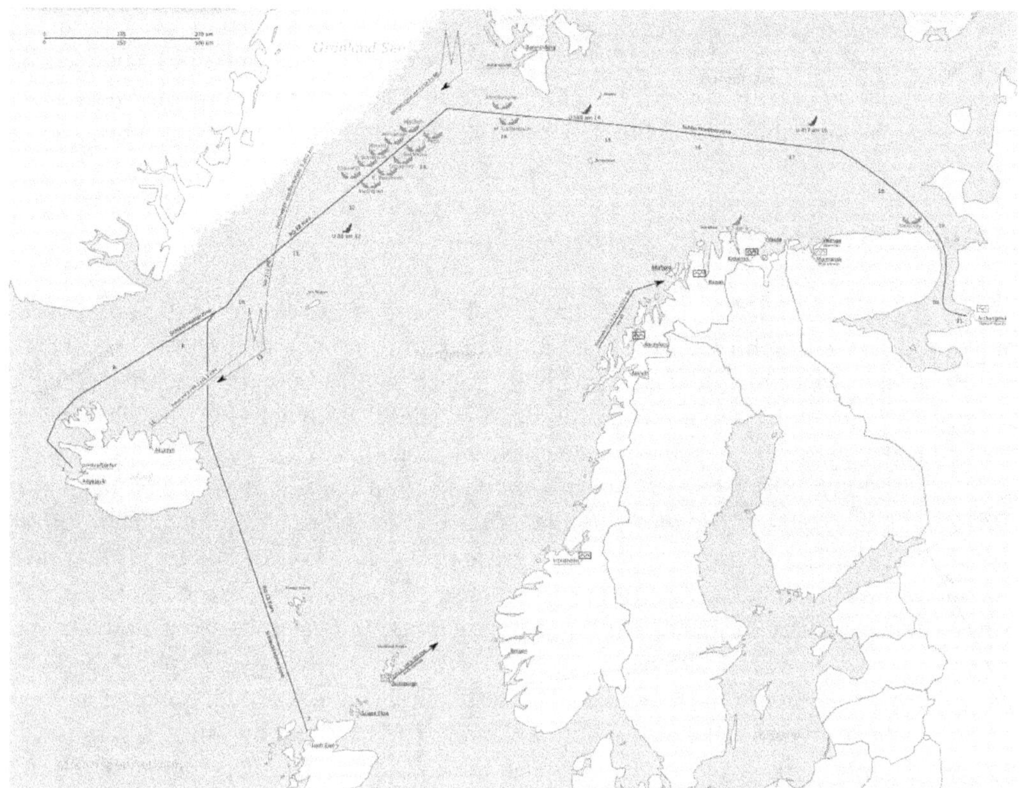

La rotta del convoglio PQ.18. In rosso le navi affondate dagli aerei e dai sommergibili tedeschi, in azzurro i sommergibili tedeschi affondati. Da *Wikipedia* tedesca. Tra le quattordici navi Alleate in rosso affondate, è incluso anche il sommergibile sovietico *K-2*, all'estremità settentrionale della Norvegia.

La n.p.a., che per la prima volta era stata adibita alla scorta di un convoglio nell'Oceano artico, ha sempre navigato, assieme alla sua scorta diretta, a nord del convoglio (lato opposto a quello di provenienza dagli attacchi):

Nel complesso, fortissima è risultata la difesa del convoglio, specie quella subacquea. L'arma sottomarina Germanica si è dovuta infatti limitare, quasi esclusivamente, ad attaccare le unità danneggiate dagli aerei e rimaste arretrate o sbandate del convoglio.

Particolarmente difficili sono state le azioni offensive contro la p.a., sia per la doppia cintura di protezione esistente intorno ad essa, sia per la errata direttrice d'attacco che ha annullato l'effetto della sorpresa. (Gli aerei hanno attaccato provenendo da sud, passando di prua al convoglio).

Un solo siluro ha colpito la p.a. senza causare alcun danno rilevante né menomarle l'efficienza (la p.a. è stata segnalata fra le navi danneggiate).

Sappiamo invece che la portaerei *Avanger* non fu colpita da nessun siluro. La Luftwaffe ritenne di aver conseguito un grosso successo, poiché nell'attacco dei 337 aerei erano ritenuti affondate ventiquattro navi mercantili per 170.000 tonnellate, un cacciatorpediniere di 1.200 tonnellate, e due navi scorta per 2.000 tonnellate.[45]

I maggiori successi degli aerei nell'attacco al PQ.18 furono di gran lunga conseguiti dagli He.111 del I./KG.26, che possiamo definire, dopo gli affondamenti che conseguiranno nel Mediterraneo, e ancora quello di una nave mercantile nell'Artico nel 1945, senza alcun dubbio il miglior gruppo di aerosiluranti della Luftwaffe nella guerra sul mare.

9) Navigazione e perdite del convoglio QP.14

Il convoglio QP.14, con sul piroscafo britannico *Ocean Voice* il commodoro, capitano di vascello John Charles Keith Dowding, uno dei più abili ed esperti ufficiali adibiti a quel compito (tra cui anche il tragico PQ.17 che dovette disperdere), comprendeva quindici navi mercantili dei precedenti convogli PQ da riportare a occidente, due petroliera di squadra e due navi salvataggio.

Si trattava delle seguenti navi: statunitensi, *Alcoa Banner, Bellingham, Benjamin Harrison, Deer Lodge, Minotaur, Samuel Chase, West Nilus, Winston Salem, Silver Sword*; britanniche, *Harmatris, Ocean Freedom, Ocean Voice, Empire Tide* (nave catapunta aerei); polacca, *Tobruk,*; panamense, *Troubadour*. Erano aggregate al convoglio le petroliere di squadra britanniche *See Ranger* e *Oligarch* e le navi salvataggio britanniche Rathlin e *Zamalek*.

Il convoglio partì da Arcangelo il 13 settembre, con la scorta di quindici unità al comando del capitano di vascello John Harvey Forbes Crombie sul dragamine di squadra *Bramble*, che aveva a sua disposizione i cacciatorpediniere del tipo "Hunt" *Blankney* e *Mikddleton*, le navi ausiliarie contraeree *Palomares* e *Pozarica*, le corvette *Lotus, Poppy, Dianella, La Malouine*, i dragamine di squadra *Leda* e *Sangull* e i trawler *Lord Middleton, Lord Austin, Ayrshire* e *Northern Gem*. Inizialmente, per un primo tratto della navigazione, facero parte della scorta anche i cacciatorpediniere sovietici *Kuibyshev* e *Uritski*.

Nei primi quattro giorni di navigazione il convoglio, pur essendo stato avvistato dalla ricognizione tedesca, fu lasciato in pace dalla Luftwaffe e dai sommergibili che dedicavano la loro attenzione al convoglio PQ.18. Inoltre il tempo era pessimo, e continuò a esserlo fino al 18 settembre impedendo ad altri aerei di rintracciare il convoglio. Fuori dalla Nuova Zemlja il QP.14 incrociò con rotta inversa il PQ.18 diretto ad Arcangelo, e durante la notte tra il 16 e il 17 settembre la scorta del contrammiraglio ammiraglio Bob Burnet, che ancora comprendeva l'incrociatore *Scylla*, la portaerei *Avanger* e diciotto cacciatorpediniere, passò dalla protezione del PQ.18 a quella del QP.14. Il ricongiungimento avvenne in lat. 75°N, 48°E il giorno 17, molto a nord del Mar di Barents.

---

[45] *The Luftwaffe and the War at Sea 1939-45. As Seen Bt Officiers of the Kriegsmarine and Luftwaffe*, Edito da David C. Isby, Chatham Publishing, London, 2005, p.142.

Il capitano di vascello John Charles Keith Dowding (a sinistra), commodoro del convoglio QP.14 viene complimentato alla fine della missione dall'ammiraglio John Tovey, Comandante della Home Fleet.

L'incrociatore britannico *Scylla* che dopo aver scortato il convoglio PQ.17 assunse la protezione del convoglio di ritorno dalla Russia Serttentrionale QP.14

Il dragamine di squadra *Bramble*, nave comando delle unità di scorta al convoglio QP.14.

Particolare della *Pozarica*, una delle due navi contraeree britanniche della scorta al convoglio QP.14. Fu silurata il 29 gennaio 1943 nel Mediterraneo da aerosiluranti italiani S.79, e in seguito ai danni riportati affondò il 13 febbraio capovolgendosi nel porto di Bougie (Algeria).

La nave salvataggio britannica *Rathlin*.

Il piroscafo (nave catapulta aerei) britannico *Empire Tide*. Sotto, il caccia Hurricane I e due piloti.

Il 18 e il 19 settembre, con il miglioramento delle condizioni atmosferiche, i ricognitori tedeschi rintracciarono e pedinarono il QP.14, permettendo con le loro segnalazioni radio agli U-Boote di poterlo raggiungere mentre invece non si verifico alcun attacco aereo, ne tantomeno navale. A quest'ultimo riguardo il capitano di vascello Donald Macintyre, comandante dell'incrociatore *Scylla* ha scritto nel suo libro che se Hitler avesse permesso al suo gruppo navale di attaccare il QP.14, "*non si vede come si sarebbe potuto evitare il disastro del convoglio, anche se le squadriglie di aerosiluranti Hampden della R.A.F. avessero probabilmente fatto pagare caro al nemico ogni successo*".[46]

Il Comandante Navale del Gruppo Nord aveva programmato un intervento navale soltanto con l'incrociatore *Admiral Hipper* e quattro cacciatorpediniere della 8ª Flottiglia, ma la Seekriegsleitung (SKL), l'Organo Operativo dell'Alto Comando Germanico (OKM), anche in questa occasione non dette l'autorizzazione.

È però da considerare che, se le navi tedesche fossero salpate da Altenfiord, in ogni occasione i due gruppi con cinque grandi incrociatori britannici sarebbero intervenuti, assieme allo *Scylla* e ai sedici cacciatorpediniere di squadra del contrammiraglio Burnet, e avrebbero potuto prendere le navi tedesche tra i due fuochi; e quindi si ritorna allo stesso discorso fatto precedentemente.

L'incrociatore Tedesco *Admiral Hipper* in Norvegia nel 1942.

---

[46] Ian Campbell e Donald Macintyre, *Destinazione Cola*, Baldini & Castoldi, Milano, 1960, p. 183.

La corazzata tascabile *Admiral Scheer* l'altra grande nave della formazione navale che il Comando Navale tedesco avrebbe voluto far uscire in mare per attaccare il convoglio QP.14, missione non effettuata per ordine di Hitler. Era l'unica nave ad avere l'artiglieria di carico maggiore del 203 mm, disponendo di sei cannoni da 280 mm.

L'incrociatore leggero tedesco *Koln*, armata con cannoni da 150 mm. Era l'unità più anziana e più debole della formazione navale che avrebbe dovuto intercettare il convoglio QP.14. Gli erano superiori tutti cinque incrociatori britannici del vice ammiraglio Bonham-Carter.

Lo Z-4 *“Richard Beitzen”* che guidava i cinque cacciatorpediniere tedeschi dell'8ª Flottiglia.

L'incrociatore pesante *London*, uno dei tre incrociatori della 18ª Divisione del vice ammiraglio Bonham-Carter.

Vi erano le condiziono per ottenere un successo da parte tedesca! Mentre i britannici, ingigantendo i timori di un intervento navale per motivi di opportunità verso un pubblico nazionale sensibile, sapevano che in un combattimento navale, purché non ci fosse la *Tirptiz*, in quelle condizioni avevano tutto da guadagnare.

Ritornando alla navigazione del QP.14, nonostante la presenza delle navi scorta, e il loro continuò vigoroso attacco su ogni contatto percepito dall'asdic, questa volta la protezione antisommergibili non ebbe successo. Erano impegnati nella caccia al convoglio QP.14 sette sommergibili: *U-251, U-255, U-403, U-408, U-435, U-592 e U-703.*

Il *Suffolk* il terzo incrociatore della 18ª Divisione.

Il *Suffolk* davanti alla banchisa polare. In primo piano un complesso contraereo di mitragliere a quattro canne Vicker da 12,7 mm.

Convoglio nell'Artico.

Il 20 settembre, tra l'alternarsi della nebbia e della neve, gli U-Boote riuscirono a superare, senza perdite, gli schermi di protezione del convoglio e colpirono tre navi, a circa 420 miglia a nord dell'Islanda. Il dragamine di squadra *Leda* (capitano di corvetta Arthur Hugh Wynne-Edwards), che si trovava al suo posto nello schermo a poppavia del convoglio, silurato alle 05.30 un'ora prima dell'alba dall'*U-435* (capitano di corvetta Siegfried Strelow) affondò in un'ora e mezzo. I quarantatré superstiti furono raccolti dalla petroliera di squadra *Grey Ranger* e dal piroscafo statunitense *Belligham*. Il piroscafo statunitense *Silver Sword* (capitano Clyde Wellington Corbeth), di 4.937 tsl, colpito da due siluri dall'*U-255* (capitano di corvetta Reinhart Reche) che aveva superato lo schermo di protezione, essendo in fiamme, fu affondato col cannone dal cacciatorpediniere *Worcester* (capitano di corvetta William Anthony Juniper). I superstiti dell'equipaggio furono raccolti da due navi britanniche, la nave recupero *Rathlin* e il piroscafo *Zamalet*, quest'ultimo già del convoglio PQ.17.[47]

Il grosso cacciatorpediniere di squadra *Somali* (capitano di corvetta Colin Douglas Maud), fu colpito alle 19.20 da un siluro nella sala macchine dell'*U-703* (tenente di vascello Heinz Bielfeld) e rimase immobilizzato.

Dopo che il trawler *Lord Middletono* (sottotenente di vascello REobert Hudson Jameson) aveva imbarcato ottanta uomini dell'equipaggio, il *Somali* fu preso a rimorchio dal gemello e capo squadriglia *Ashanty* (capitano di fregata Richard George Onslow), e scortato dai cacciatorpediniere *Opportune*, *Eskimo* e *Intrepid*. Per quattro giorni il *Somali* fu trainato tenacemente dall'*Ashanty* in condizioni difficili per 420 miglia alla velocità di 5 nodi e mezzo, fin quando una burrasca da nord gli diede il colpo di grazia. Il cacciatorpediniere si spezzò in due e affondò capovolgendosi alle 02.30 del 24 settembre, portando nell'abisso ottantanove dei suoi marinai.

---

[47] Kenneth Wynn, *U-Boat Operations of the Second World War*, Volume 1°, Chatham Publishing, London, 1998, p. 287; Richard Woodman, *Arctic Convoy 1941-1945*, John Murray, London, 1994, p. 287;

Il dragamine britannico *Leda* nel 1939. Fu silurato e affondato il 20 settembre dal sommergibile tedesco *U-435*.

Il piroscafo statunitense *Silver Sword*, che fu affondato lo stesso 20 settembre dal sommergibile tedesco *U-255*.

Il sommergibile *U-435* quando fu consegnato alla Kriegsmarine, il 30 agosto 1941.

Il cacciatorpediniere di squadra *Somali*, della classe "Tribal", che fu silurato e affondato il 20 settembre 1942 dall'*U-703*. Aveva partecipato all'operazione "Pedestal" assieme all'*Ashanty*, riportando alcuni danni per l'attacco di un bombardiere Ju.88, il 13 agosto nel Canale di Sicilia.

L'*U-255* al rientro alla base della Norvegia da una missione. Aveva silurato e affondato il piroscafo Silver Sword, la nave del commodoro del convoglio QP.14.

Entusiasmo per i successi degli U-Boote di base in Norvegia all'arrivo dell'U-703 a Bergen. A sinistra l'ammiraglio Otto von Schrader, Comandante Costa Ovest Norvegia. Gli è probabilmente accanto il comandante dell'11ª Flottiglia Sommergibili, capitano di fregata Hans Cohausz,

Le congratulazioni dell'ammiraglio von Schrader, al comandante del sommergibile *U-703*, tenente di vascello Heinz Bielfeld. Schierati salutano i suoi ufficiali, presente l'immancabile mazzo di fiori.

Quello stesso 20 settembre, alle 15.20, il sommergibile britannico *P-614* (tenente di vascello Denis John Beckley), che assieme all'*615* partecipava alla scorta del convoglio QP.14, avvistò il sommergibile tedesco *U-408* (tenente di vascello Reinhard von Hymmen) ed erroneamente il suo comandante, avendo udito l'esplosione di uno dei quattro siluri lanciati, ritenne di averlo affondato. Lo stesso giorno il sommergibile *U-606* (tenente di vascello Hans Klatt), mentre si avvicinava al convoglio per attaccarlo fu sottoposto a caccia da parte di tre cacciatorpediniere.[48]

A causa della minaccia dei sommergibili, il contrammiraglio Burnet aveva deciso di non indebolire la scorta del convoglio inviandola a Low Sound per rifornirsi alle petroliere di squadra *Oligarch* e *Blue Ranger*, ma inviò due cacciatorpediniere per prelevarvi una di esse per unirla al convoglio mentre aveva ordinato all'altra petroliera di ritornare in Islanda con la sua scorta. Aveva inoltre ricevuto dall'Ammiragliato la notizia che gli attacchi aerei tedeschi erano improbabili, e pertanto decise d'inviare l'*Avanger* e lo *Scylla* a Seidisfiord, per dare riposo ai piloti della portaerei che erano al limite della resistenza, come aveva segnalato il comandante Colthurst, e per non tenere legato l'incrociatore al convoglio, in presenza di sommergibili.

Burnet trasferì la sua insegna dallo *Scylla* sul cacciatorpediniere *Milne* (capitano di vascello Ian Murray Ronrtson Campbell) per continuare a comandare la scorta del convoglio che, in un freddo terribile in quella zona dell'Artico, non era lontano dalla barriera dei ghiacci della banchisa polare, il cui riflesso luminoso faceva male agli occhi degli uomini. Vi erano anche degli Iceberg che apparivano nella nebbia a volte pericolosamente vicini alle navi. In compenso il mare si manteneva calmo, e il rifornimenti di nafta dei cacciatorpediniere alle petroliera si svolse regolarmente.[49]

Con la partenza della portaerei *Avanger*, con i suoi due cacciatorpediniere di scorta *Wheatland* e *Wilton* rinforzati dal *Fury*, si ebbe un vuoto nella possibilità di avvistare e tenere lontani i sommergibili. Fino a quel momento i suoi velivoli Swordfish, assieme agli idrovolanti Cataliana del 210° Squadron decollati dalla base di Sullom Voe nelle Isole Shetland, avevano avvistato diversi sommergibili. Per quella sgradita presenza, fu necessario chiedere al Comando Costiero della RAF di assumersi l'onere della scorta antisom con velivoli a grande raggio per rintracciare e dare la caccia agli U-Boote che minacciavano il QP.14.

Il 21 settembre i Catalina e i Liberator (B.24), decollati dalle Isole Shetland e dall'Islanda raggiunsero il convoglio, e lo scortarono per quattro ore, in modo anche movimentato poiché il Catalina Z (per Zebra) del 330° Squadron avvistò in superficie l'*U-606* (tenente di vascello Dietrich von der Esch), e nell'attaccarlo fu controbattuto dalle mitragliere binate sulla torretta del sommergibile riportando danni che lo costrinsero ad ammarare vicino al convoglio. Il cacciatorpediniere *Marne* (capitano di corvetta Peter Alison Ross Withers) recuperò l'equipaggio e poi distrusse l'idrovolante.[50] Ma poiché il convoglio atlantico SC.100, partito da Halifax e diretto nel Regno Unito, si trovava sotto un grosso attacco di U-Boote, che tra il 20 e il 24 settembre affondarono a sud-ovest dell'Islanda quattro piroscafi e una petroliera per 26.331 tsl, fu necessario rinforzarne la scorta aerea antisommergibile, e ciò avvenne a scapito del QP.14. Il

---

[48] *Ibidem*, Kenneth Wynn ,Volume 1° e 2°.

[49] Ian Campbell e Donald Macintyre, *Destinazione Cola*, Baldini & Castoldi, Milano, 1960, p. 183.

[50] Richard Woodman, *Arctic Convoy 1941-1945*, John Murray, London, 1994, p. 289-290.

Coastal Command non poteva fare altro non avendo altri aerei disponibili. Il che doveva costare caro al convoglio.

Il *Milne* durante una missione di scorta convogli nell'Artico. Era la nave comando della Forza B dei cacciatorpediniere della Home Fleet, su cui si trasferì il contrammiraglio Burnet quando distaccò l'incrociatore *Scylla* con la portaerei *Avanger* per raggiungere Seidisfiord.

Il cacciatorpediniere *Marne* ripreso nell'Artico da un motoscafo sovietico.

Il 22 settembre il sommergibile *U-435* del capitano di corvetta Strelow, che dopo l'affondamento del piroscafo aveva continuato a tallonare tenacemente il QP.14, alle 07.18-07.19 del 22 settembre, effettuò un nuovo micidiale attacco lanciando cinque siluri e affondò altre tre navi a ovest dell'Isola Mayen. Il comandante Strelow ritenne di aver affondato tre navi per 26.000 tonnellate, ed in effetti silurò e affondò: il piroscafo statunitense *Bellingham* (capitano Soren Mortensen), di 5.345 tsl, che avendo un carico di 6-100 tonnellate di minerali e pelli, fu colpito da un siluro sul fianco sinistro sulla stiva n. 4; la petroliera britannica *Grey Ranger* (capitano Howard Douglas Gausden), di 3.313 tsl, che era in zavorra; e il piroscafo britannico *Ocean Voice* (capitano Harold James Kay), di 7.174 tsl, che imbarcava circa 2.000 tonnellate di legname e di pasta al solfito e venticinque passeggeri russi. Tutti gli uomini degli equipaggi e passeggeri si salvarono, recuperati dalle navi di scorta del convoglio.

L'*Ocean Voice* era la nave del commodoro John Dowding, che era abituato a quel genere d'infortuni e fu ancora una volta recuperato con il suo equipaggio da una delle navi del convoglio.[51] L'attacco era la dimostrazione che i tedeschi potevano aver perso tre sommergibili nelle operazioni contro il precedente convoglio PQ.18, ma non la loro abilità e determinazione; e ciò nonostante la scorta del QP.14, anche dopo l'allontanamento dei cacciatorpediniere dei gruppi *Avanger* e *Scylla*, fosse ancora poderosa, comprendendo ben trenta unità.[52]

Il piroscafo statunitense *Bellingham*, la prima nave del convoglio QP.14 affondata dall'*U-435*.

Se si considera che a quell'epoca i convogli dell'Atlantico avevano per le scorte una decina di unità, o anche meno, l'attacco dell'*U-435*, superando lo schermo, ebbe del prodigioso; e questo sebbene i cacciatorpediniere con i loro efficientissimi apparati ad alta frequenza Huff Duff, avessero rilevato da tempo nella zona trasmissioni radio che indicavano la presenza di almeno tre sommergibili, e poi tentassero di dare la caccia all'*U-435* senza riuscire a rintracciarlo.[53]

Le tre navi affondate dal comandante Strelow furono le ultime che il convoglio QP.14 ebbe a riportare. Il 23 settembre le missioni di scorta aerea furono riprese e gli

---

[51] Kenneth Wynn, *U-Boat Operations of the Second World War*, Volume 1°, Chatham Publishing, London, 1998, p. 287; *Home Fleet Destroyer Command War Diary, September 1942*.

[52] Supplement to "The London Gazette" del 13 October 1950, N. 39041, Convoy *to North Russia, 1942*.

[53] Richard Woodman, *Arctic Convoy 1941-1945*, John Murray, London, p. 290.

aerei raggiunsero nuovamente il convoglio, le cui tredici navi superstiti, non più disturbate, arrivarono a destinazione a Loch Eve il giorno 26.

La petroliera di squadra britannica (RFA) *Gray Ranger*, la seconda nave affondata dall'*U-435*.

Il piroscafo *Ocean Travelle* durante la costruzione. Era dello stesso tipo dell'*Ocean Voice*, la terza nave affondata dal sommergibile tedesco *U-435*, che già in precedenza aveva affondato il dragamine *Leda*.

Dopo il passaggio del convoglio PQ.18 e del convoglio QP.14, i sommergibili britannici *Tigris* e *Tribune* erano stati dislocati in agguato fuori le Isole Lofoten per l'eventuale passaggio degli incrociatori e cacciatorpediniere tedeschi ritornanti da Alterfiord a Narwick. Ma non vi fu nessuna traccia di quelle navi, essendo rimaste in porto. Frattanto il 12 settembre, il sommergibile della Francia Libera *Rubis* (tenente di vascello Henry Gustave Louis Rousselot) aveva posato uno sbarramento di mine sulla loro probabile rotta.

10) Il bilancio delle perdite

Complessivamente i due convogli PQ.18 e QP.14, che erano stati scortati separatamente in condizioni di quasi continua attività durante il periodo di diciotto giorni di navigazione, ebbero le seguenti perdite:

PQ.18 – nove navi mercantili e una cisterna di squadra, affondate in seguito ad attacco degli aerosiluranti (55.915 tsl), tre navi mercantili affondate dai sommergibili (19,689 tsl), il sommergibile sovietico *K-2* affondato a causa di una mina. Quattro aerei da caccia perduti assieme ad uno dei piloti; un altro caccia danneggiato gettato in mare per liberare il ponte di volo della portaerei *Avanger*. Navi del convoglio arrivate a destinazione ventisette.

QP.14 – cacciatorpediniere *Somali*, dragamine *Leda*, petroliera di squadra *Grey Ranger* e tre piroscafi (20.769 tsl) affondati in seguito ad attacchi di sommergibili. Un idrovolante Catalina perduto nell'attacco a un sommergibile. Navi del convoglio arrivate a destinazione tredici.

Complessivamente nel corso della duplice complessa operazione la Royal Navy perse un cacciatorpediniere di squadra, un dragamine di squadra, due petroliere di squadra, quindici piroscafi, cui si aggiunse la perdita un sommergibile sovietico. A voler essere onesti si trattava di perdite molto severe, visto quanto era stato messo sul campo per scortarle a destinazione, come oggi storici e studiosi navali internazionali tendono a far rilevare, trovando comprensibile opposizione nei britannici.

Perdite tedesche contro il convoglio PQ.18, tre sommergibili affondati e trentatré aerei abbattuti o incidentati irreparabilmente secondo dati recenti, però discutibili, mentre sono ventuno gli aerei perduti secondo i dati ufficiali dell'O.B.d.L. Un altro sommergibile affondò nelle operazioni contro il QP.14, anche se si trovava ad operare in zona dove il convoglio non si trovava.

Conclusioni

Ha scritto il capitano di vascello Donald Macintyre:[54]

La traversata del PQ.18 era stata, tutto sommato un'operazione arrischiata. Bob Burnet nel suo rapporto, mise in evidenza questo fatto e fece rilevare quanto egli fosse stato fortunato sotto parecchi aspetti dell'operazione, ognuno dei quali, se fosse andato male, avrebbe potuto portare ad un disastro.

A questo riguardo Macintyre si riferì a quello che sarebbe potuto accadere se gli aerei o i sommergibili nemici avesse affondato le petroliere assegnate al rifornimento delle tante unità di scorta dei convogli, dopo giorni di navigazione combattendo; e mise in risalto quale era stato il consumo di munizionamento per la difesa dagli attacchi aerei, che un certo momento fu fonte di preoccupazione. I depositi si stavano esaurendo, e ciò rappresentava una fonte di ancora maggiore preoccupazione se, oltre a dover continuare a fronteggiare agli attacchi aerei, si fosse dovuto arrivare al combattimento con le navi tedesche

---

[54] Ian Campbell e Donald Macintyre, *Destinazione Cola*, Baldini & Castoldi, Milano, 1960, p. 201

E' stato sostenuto che le gravi perdite riportate dalla Luftwaffe erano da attribuire al suo supremo Comandante, maresciallo del Reich Herman Göring, e al Comandante della 5ª Luftflotte, generale Hans-Jürgen Stumpff, i quali basandosi su quanto di concreto era stato compiuto contro il convoglio PQ.17, in seguito all'uscita della corazzata Tirpitz, che aveva convinto l'Ammiragliato britannico a togliere gli incrociatori della scorta ravvicinata di protezione del convoglio e ordinando che fosse disciolto, agevolando con ciò, in una caccia spietata, gli attacchi degli aerei e dei sommergibili tedeschi, avevano sottovalutato le possibilità di reazione da parte dei britannici. Pertanto essi avevano ordinando di effettuare attacchi a ripetizione contro il convoglio PQ.18, sebbene disponesse di una scorta più potente e dell'appoggio aereo fornito da una portaerei.

Noi, per la nostra esperienza e conoscenza degli episodi di guerra aeronavale, facendo i dovuti paragoni non ne siamo convinti.

Occorreva attaccare il convoglio per impedire che arrivassero a destinazione ai sovietici gli ingenti armamenti che esso trasportava con le sue navi, e la 5ª Luftflotte aveva fatto tutto il possibile perché ciò non accadesse. Fu affondato oltre un terzo nelle navi da trasporto nemiche, e questo era già per se stesso un risultato apprezzabile. Ma i detrattori di Göring, che era una persona intelligente, anche se a volte come tutti sbagliava, specialmente nei momenti difficili, e quello difficile non lo era certamente per le vittorie della Germania in ogni settore di guerra, non vogliono capirlo.

A sinistra, il comandante dell'incrociatore *Scylla*, capitano di vascello Donald Macintyre, qui con i gradi di capitano di fregata. Al comando del cacciatorpediniere *Walker* il 17 marzo 1941 affondò il sommergibile tedesco *U-99* del capitano di fregata Otto Kretschmer (destra), l'asso dei sommergibili della seconda guerra mondiale: 47 navi affondate per 274.418 tonnellate e 5 navi danneggiate per 37.965 tonnellate. Restò in prigionia in un campo di concentramento del Canada fino al 1946.

Secondo Stephen Roskill, nonostante fossero state messe in campo notevoli forze navali, appoggiate da forze aeree fatte affluire in Russia, che avevano portato alla distruzione, in 337 missioni della Luftwaffe, di *"trentatré aerosiluranti, sei bombardieri pesanti e due ricognitori"*,[55] e di quattro sommergibili tedeschi, invece di tre, aggiungendovi l'*U-252* che non fu attaccato il 23 settembre da un Catalina del 210° Squadron con pilota il sergente maggiore J.W. Semmens con quattro bombe al torpex a sud dell'Islanda, come si continua a ritenere, ma andò perduto per altra causa.[56]

Secondo da sinistra il generale Hans-Jürgen Stumpff, Comandante della 5ª Luftflotte in Scandinavia: Alla sua destra, il feldmaresciallo Wilhelm Keitel, Comandante dell'OKW (Oberkommando der Wehrmacht), l'Alto Comando delle Forze Armate germaniche.

L'*252* (tenente di vascello Adolf Friedrichs), della 6ª Flottiglia Sommergibili di Kiel, partì il 12 settembre da quel porto della Germania per operare nel Nord Atlantico, stazionando temporaneamente nello Stretto di Danimarca assieme all'*U-610* e all'*U-620*. Il 24 settembre trasmise per l'ultima volta di trovarsi all'incirca in lat. 67°30'N, 21°00'W, a nord dell'Islanda e l'indomani ricevette l'ordine di portarsi a operare a sud-ovest di Capo

[55] Secondo Harold Thiele, nel suo libro *Luftwaffe Aerial Torpedo Aircraft and Operations in World War Two*, che abbiamo trovato piuttosto impreciso nei dati di organici e di attacco (p. 46), il costo pagato dalla Luftwaffe sarebbe stato di 44 aerei, inclusi 38 aerosiluranti, ossia il 42% dei velivoli che avevano attaccato il convoglio PQ.18, ciò che è assolutamente in contrasto con i dati dell'OB.d.L., che riporta le perdite in soli 21 velivoli, 17 aerosiluranti e quattro bombardieri. Non si parla di perdite di ricognitori. Tra le perdite degli aerosiluranti debbono esservi anche quelle riportate degli idrovolanti He.115.

[56] S.W. Roskill, *The War at Sea*, Volume II, HMSO, London, 1957, p. 287.

Farewell, l'estremità meridionale della Groenlandia, dove più a sud era in corso l'attacco degli U-Boote intorno al convoglio SC.100; poi il sommergibile non rispose a successivi segnali. Ossia si trovava in una zona a nord dell'Islanda dove il convoglio QP.14, diretto a sud dell'Islanda, non si trovava, essendo molto più a sud, in rotta per la Scozia.

E' possibile, ma pur sempre un'ipotesi, che nell'attraversare lo Stretto di Danimarca, l'*U-252* sia affondato, con i quarantasei uomini dell'equipaggio, su uno dei due sbarramenti minati britannici SN.11 o SN.71A, posati il 1° giugno e il 21 agosto 1942 per impedire agli U-Boote di seguire quella rotta per entrare in Atlantico. Probabilmente il suo affondamento avvenne il 25 settembre intorno alla lat. 67°00'N, long. 23°00'W, a sud-ovest dell'Isola Jan Mayen.[57]

Quanto al Catalina del 210° Squadron, con pilota il sergente maggiore J.W. Semmons, esso attacco con due bombe di profondità il sommergibile tedesco *U-255* (tenente di vascello Reinhart Reche) che riportò qualche danno, e che effettivamente era uno dei sommergibili dell'11ª Flottiglia impegnati contro il convoglio QP.14.[58]

Il sommergibile *U-255*. In condizioni particolarmente difficili di mare e di tempo al rientro da una missione sono messi ad asciugare i vestiti del personale in torretta.

Roskill ha messo nel conto delle perdite aeree tedesche anche due ricognitori. In realtà, come già detto, le perdite dei due ricognitori, la prima avvenuta il 9 settembre la seconda il 18, riguardarono due Ju.8D della 1.(F)/124 e avvennero per incidente a Kirkennes, all'estremità nord-orientale della Norvegia; il primo velivolo precipitò al

---

[57] Uboat.net, *Ship hit from Convoy PQ. 18 & QP.14.*
[58] *Ibidem.*

suolo in atterraggio quando il convoglio PQ.18 si trovava fuori dalla sua autonomia, nelle acque dell'Islanda, il secondo il 18 settembre, quando il velivolo si trovava nel Mare di Barents. Comunque entrambi gli incidenti non riguardavano una perdita causata dall'azione nemica, semmai al tempo inclemente o per guasti meccanici.[59]

Vi era comunque per i britannici la convinzione soddisfacente che almeno nell'attacco al convoglio PQ.18 fosse stato ottenuto un buon successo, anche se *"le perdite di navi mercantili e navi da guerra erano state alquanto serie"*. Ma Roskill aggiunse che, secondo il parere dell'ammiraglio Tovey, l'ampio schieramento di forze, con aerosiluranti in Russia e i sommergibili sulle coste, aveva forse influito sulla decisione dei tedeschi a far uscire da Atelfiord le loro navi di superficie.[60]

Questa decisione non fu del Capo della Marina germanica, ammiraglio Raeder, ma solo di Hitler, che voleva risparmiare quelle navi per la difesa della Norvegia. E' quindi da ritenere che la decisione di Hitler di non impiegare le flotta non fosse stata poi tanto peregrina, considerando quale era in quel momento la marcata superiorità della Royal Navy, affrontando la quale vi era tutto da perdere, anche sotto il punto di vista del prestigio.

Per mettere in moto le contemporanee operazioni dei convogli PQ.18 e QP.14 erano state riunite ingenti forze navali, prevedendo la possibile uscita in mare della corazzata tedesca *Tirpitz*, che in realtà era indisponibile per lavori urgenti ai motori diesel, che all'inizio di settembre la misero fuori servizio per due settimane.[61] Oppure come inizialmente programmato dal Comando della Kriegsmarine (OKM), di impiegare i tre incrociatori e i loro cinque cacciatorpediniere. Ma pur essendo una misura auspicabile, noi siamo convinti, vista la relatività delle forze in campo, che questa volta non sarebbe servita ai tedeschi per conseguire l'auspicato successo.

Il gruppo dei tre incrociatori, se fosse stato ordinato il loro impiego, non era in grado di poter affrontare il gruppo di appoggio del convoglio, costituito anch'esso da tre incrociatori pesanti, ma che erano stati raggiunti dagli altri due incrociatori del gruppo di riserva, arrivati dalle Isole Spitzbergen. Si aveva quindi da parte tedesca due incrociatori pesanti e uno leggero, con cinque cacciatorpediniere, e da parte britannica quattro incrociatori pesanti, uno leggero (potenzialmente superiore a quello leggero tedesco) e quattro cacciatorpediniere; per non parlare di una miriade di cacciatorpediniere della scorta del convoglio QP.14, sui cui lanciasiluri contava molto l'ammiraglio Pound. In questo caso la superiorità britannica era indiscutibile e avrebbe avuto il suo peso in un eventuale combattimento, soprattutto se avveniva a formazioni staccate, dovendo i tedeschi affrontare i due o tre gruppi di unità britanniche che arrivavano da più direzioni, ed erano anche più veloci rispetto alla corazzata *Admiral Scheer* (28 nodi contro i 32 delle unità britanniche), che di corazzata aveva solo il nome.

Occorre considerare, come auspicava l'Ammiragliato britannico, che l'eventuale affondamento della *Tirpitz* e di qualche altra grande unità della Marina germanica avrebbe compromesso per i tedeschi la possibilità di continuare a operare in Norvegia secondo la tattica della Flotta in potenza ("Fleet in being"), che consisteva nel farsi

---

[59] Luftwaffe and Allied Air Force Discussion Forum, *Lost PQ18 September 1942* (robert); Luftwaffe Sig home page (Internet).

[60] *Ibidem.*

[61] Whitley M.J., *Navi da battaglia tedesche*, Fratelli Melita Editori, La Spezia 1993, p. 188.

vedere dal nemico superiore di forze, senza attaccarlo. La corazzata, da più di un anno nell'Artico senza che l'equipaggio fosse andato in licenza, avrebbe dovuto recarsi a lavori in Germania o al limite nell'attrezzato arsenale di Trondheim, nella Norvegia centrale, che raggiunse il 20 ottobre.[62] Fino al 1944 la presenza della sola *Tirpitz*, rientrata a Narvik dopo i lavori, costrinse la Home Flee a continuare a tenere in mare nella protezione dei convogli almeno due moderne navi da battaglia (tre tenendone una di riserva) e una portaerei, che altrimenti avrebbero potuto essere impiegate in altri importanti settori di guerra, come quello del Mediterraneo contro l'Italia e dell'Oceano Indiano-Pacifico contro i giapponesi.

Infine un'ultima considerazione. Delle forze aeree britanniche che erano state inviate in Russia, dieci dei ventiquattro superstiti Hampden, assestanti alla 3ª Squadriglia aerosiluranti-posamine del Reggimento di Aviazione, andarono distrutti nell'aeroporto di Vaenga in un incursione dei bombardieri della 5ª Luftflotte, che volle eliminare quella minaccia. E questo nel computo delle perdite delle forze aeree britanniche deve essere messo in conto, ed è poi aggravato dal fatto che mentre gli equipaggi degli Hampden, dei Catalina e dei foto ricognitori Spitfire tornarono in Gran Bretagna in ottobre, trasportati dall'incrociatore *Argonaut* e dai cacciatorpediniere *Intrepid* e *Obdurate*, gli aerei, evidentemente per richiesta sovietica, furono consegnati ai russi con i loro equipaggiamenti e, come riporta Roskill, *"non si seppe nulla del loro successivo servizio"*.[63]

In conclusione, riguardo al convoglio PQ.18 nella rete Internet si parla spesso di una vittoria britannica sia dal lato tattico che dal lato strategico, conseguita dalla difesa britannica. E la stampa gli fa eco. E' invece da ridimensionare questa versione poiché la perdita per attacco della Luftwaffe di nove piroscafi e una petroliera di squadra, con tutto il materiale bellico di ogni tipo che trasportavano (compresi settantotto aerei per i sovietici) e la perdita di cinque velivoli da caccia, non può essere messa sullo stesso piano della perdita tedesca di ventuno aerei come riportato dall'OB.d.L. Consultando altri documenti dell'OB.d.L, in particolare gli elenchi delle perdite, questa cifra è stata aumentata da alcuni ricercatori a ventitré aerei, considerando evidentemente le perdite per incidente o a causa del maltempo. Ma e pur sempre distante dai trentatré aerei riportati nella tabella di Wikipedia, estratte dall'elenco perdite della Luftwaffe ("Luftwaffe Sig home page", in cui alcune perdite di velivoli sono considerate come causa sconosciuta), dai quarantuno aerei abbattuti dichiarati all'epoca dell'avvenimento dalle fonti britanniche, e soprattutto dai quarantatré aerei, cifra assolutamente inesatta, riportata nel libro di Harold Thiele.

Un totale di ottantasei aerei di vario tipo perduti dalla Luftwaffe tra il 2 e il 21 settembre riguardano tutta la regione della Scandinavi, sotto il Comando della 5ª Luftflotte, e tali perdite sono state causate in gran parte nell'appoggio ai combattimenti terrestri con i sovietici che si svolgevano nell'area di Murmansk e della Finlandia. E possibile che alcune di queste perdite siano state inserite nell'attività contro il convoglio PQ.18. Quindi le perdite ci sarebbero, ma per altri motivi. Nello stesso tempo occorrerebbe mettere nel conto anche le perdite della RAF nel periodo dell'operazione,

---

[62] *Ibidem.*
[63] S.W. Roskill, *The War at Sea*, Volume II, HMSI, London, 1957, p. 287.

aggiungendo ai cinque caccia Hurricane e al ricognitore Catalina almeno gli otto aerosiluranti Hampden.

Preoccupanti per i tedeschi era invece la perdita di quattro sommergibili ma non certamente determinate nella strategia navale germanica che sempre li aveva messi in conto nell'attaccare i convogli. Tuttavia non possiamo dimenticare che, nel corso della duplice contemporanea operazione britannica, in cui furono impiegate, non dimentichiamolo, le stesse forze di scorta, i sommergibili affondarono nove navi, di cui un grosso cacciatorpediniere di squadra, un dragamine di squadra, una preziosa petroliera di squadra e sei piroscafi, mentre i russi persero un sommergibile. Il che ci porta a considerare come nella duplice operazione "EV" e "Gearbox Two" (convogli PQ.18 e QP.14), furono affondate per attacchi aerei e subacquei venti navi, e quindi siamo quasi sullo stesso piano delle perdite riportate dal convoglio PQ.17, ossia di ventitré navi, più una nave di salvataggio. Con la differenza importante che le perdite del PQ.17 avvennero in grandissima parte quando il convoglio si era disperso, e i piroscafi non aveva più neppure l'appoggio degli incrociatori, resero facile il successo tedesco, mentre nel caso dei convogli PQ.18 e QP.14 le scorte, notevolmente incrementate rispetto all'altra esperienza, erano al completo e lo furono sempre, in due cinture difensive, rendendo gli attacchi tedeschi parecchio più costosi.

Occorre anche considerare in quest'analisi che i tedeschi ritennero di aver affondato con la sola aviazione ventiquattro navi mercantili, invece di dieci, per un totale di 170.000 tonnellate, un cacciatorpediniere e due navi scorta, a cui si aggiungevano i successi dei sommergibili, e apparivano pertanto soddisfatti del risultato raggiunto. Quindi anch'essi si considerarono vincitori e forse a ragione.

Indubbiamente i tedeschi conseguirono buoni risultati, non soltanto dal punto di vista tattico ma anche strategico, perché a nessun convoglio di quelle dimensioni come il PQ.18 é mai stato impedito di raggiungere la destinazione, soltanto con attacchi di aerei e di sommergibili. Lo stesso accadeva in Mediterraneo con i convogli per Malta. Ma gli storici britannici, non accontentandosi che la difesa del convoglio PQ.18 si era indubbiamente comportata molto bene, tendono a dimenticarsene, non potendo tollerare che le perdite nuovamente consistenti, che si era verificate dopo quelle del convoglio PQ.17, mettano in dubbio il loro successo, derivante dall'arrivo a destinazione di due terzi del convoglio, che aveva pur sempre subito una perdita notevole. Per loro il PQ.18, come appare nel reclamizzato libro di Peter C. Smith "*Arctic Victory*",[64] costituisce una rivincita, che secondo noi non ci fu assolutamente, così come non possiamo assegnare ai tedeschi una loro vittoria indiscussa.

Per questo motivo ho intitolato questo libro "*Un duello aeronavale finito alla pari*".

---

[64] P.C. Smith, *Arctic Victory, The Story of Convoy PQ 18*, Crécy Books, UK, 1975.

ANNESSO

STATO MAGGIORE REGIA AERONAUTICA
Ufficio del Colonnello R.A. presso l'OB.d.L.

CO/1561 M - 687   **SEGRETO**

ALCUNE NOTIZIE SULLE AZIONI OFFENSIVE EFFETTUATE DAI TEDESCHI
CONTRO I CONVOGLI ANGLO-AMERICANI IN NAVIGAZIONE NELL'OCEANO
GLACIALE ARTICO

Le azioni di attacco effettuate contro i convogli anglo americani (fortemente scortati) nell'Oceano Glaciale Artico sono state tre: una a fine maggio, una a fine luglio e un'altra a metà settembre c.a. [1942]

Gli attacchi sono stati effettuati da Reparti da bombardamento a tuffo e da aerosiluranti in azione combinata.

Le direttive generali per l'impiego delle due specialità sono state sempre le seguenti:

- Le formazioni dei bombardieri effettuano il lancio <u>esclusivamente</u> in picchiata, esse attaccano il convoglio per prime.

- I Reparti aerosiluranti seguono alla distanza prestabilita di alcuni minuti e, cercando di realizzare la sorpresa, prendendo contatto con le unità nemiche, mentre la difesa c.a. del convoglio è impegnata contro i bombardieri a tuffo.

Presupposto di tale collaborazione operativa è un'ottima visibilità orizzontale e l'assenza di nubi basse.

I dati relativi alle tre azioni sono contenuti nello allegato specchio.

Contro il primo convoglio è stato possibile portare in linea un solo Gruppo di aerosiluranti; cosicché il numero delle azioni è stato piuttosto limitato (3). Le condizioni atmosferiche erano ottime, con visibilità buona (30 Km.) e cielo sereno. A tali condizioni e alla perfetta collaborazione tra aerosiluranti e bombardieri, è dovuto il soddisfacente risultato dell'attacco. Le perdite sono state minime, anche per l'effetto di sorpresa al primo impiego degli aerosiluranti.

Contro il secondo convoglio furono portati in linea due Gruppi, con complessivi 56 apparecchi. Le condizioni atmosferiche generali erano buone e la visibilità ottima. I risultati dell'azione sono stati soddisfacenti. Molto elevata la percentuale di siluri messi a segno e di affondamenti. Ugualmente efficace l'azione dei bombardieri.

Nell'attacco contro l'ultimo convoglio si ebbero invece condizioni atmosferiche sfavorevoli, con buona visibilità al limite del mare, ma nubi basse a 7-800 m., che impedirono l'efficace impiego dei bombardieri in picchiata.

Inoltre, disturbi magnetici (aurora boreale) ostacolarono in alcune occasioni il collegamento R.T. In conseguenza venne talmente a mancare il previsto appuntamento degli aerosiluranti con i bombardieri (in tale caso una formazione di aerosiluranti raggiunse il convoglio 25' dopo i bombardieri, quando ormai tutta la caccia nemica era entrata in azione decollando dalla p.a. che scortava il convoglio); si ebbe un rilevante numero di perdite da parte degli aerosiluranti ed una bassa efficacia del tiro di bombardieri. (I bombardieri, a causa delle nubi basse, hanno potuto effettuare un numero limitato di tuffi).

Tuttavia, i risultati conseguiti dagli aerosiluranti, specialmente tenuto conto del fatto che per la prima volta il convoglio era scortato da una nave p.a., sono stati molto soddisfacenti (140.000 tonnellate di naviglio affondato).

Alcuni dati di lancio:

- Apparecchi Ju.88: velocità tra 280 -320 km. – quota tra 30-80 m. (a seconda delle condizioni in cui avviene il lancio) – distanza 600-1000 m.
- Apparecchi He.111: velocità 260 – 280 km. – quota 40-80 m. (a seconda delle condizioni in cui avviene il lancio) – distanza 600-1000 m

Irregolarità del funzionamento dei siluri:

La percentuale dei siluri anormali durante le azioni effettuate contro i primi due convogli è stata relativamente bassa, nel corso delle azioni contro l'ultimo convoglio essa è stata però leggermente superiore.

In particolare, fra le anomalie tecniche che hanno causato il difettoso comportamento dei siluri, va segnalata l'irregolare funzionamento degli organi autoregolatori della corsa marina nel piano verticale.

Questo inconveniente, in alcuni casi, ha provocato una quota di navigazione subacquea del siluro non proporzionata al pescaggio delle navi. Per porre riparo a quanto sopra i siluri impiegati nell'ultimo attacco erano stati regolati per una quota di navigazione di soli 2 metri; l'accorgimento attuato non ha impedito però che l'inconveniente si ripetesse, sia pure con frequenza minore.

Inoltre si sono avute perdite di siluri per avere l'arma assunto l'arma una corsa leggermente sinusoidale (probabilmente dovuto ad insufficiente apertura dell'angolo di inerzia con conseguente mancata reazione del complesso girostatico.

In due o tre casi si sono anche riscontrato il mancato funzionamento dell'acciarino. Tutti gli inconvenienti sud descritti sono stati chiaramente rilevati dall'osservazione aerea.

Modalità d'attacco:

L'attacco è stato sempre eseguito con salva di siluri da velivoli pluriarma (due siluri per apparecchio). Lo sfasamento di angolazione dei siluri era regolato in modo da coprire dalla distanza di lancio, il 70% della larghezza dell'obiettivo.

Nelle tre azioni non sono stati impiegati ne siluri con corsa spiraliforme né motobombe F.F.

Modalità d'attacco:

Il convoglio era costituito da circa 40 navi mercantili disposte su otto colonne affiancate da cinque unità ciascuna, con distanze ad intervalli ridotti e protetto da due cinture di naviglio di scorta di cui una in esplorazione idrofonica e una in scorta ravvicinata.

Tutte le unità mercantili del convoglio erano datate di ottimi mezzi di difesa c.a.

La n.p.a., che per la prima volta era stata adibita alla scorta di un convoglio nell'Oceano artico, ha sempre navigato, assieme alla sua scorta diretta, a nord del convoglio (lato opposto a quello di provenienza dagli attacchi):

Nel complesso, fortissima è risultata la difesa del convoglio, specie quella subacquea. L'arma sottomarina Germanica si è dovuta infatti limitare, quasi esclusivamente, ad attaccare le unità danneggiate dagli aerei e rimaste arretrate o sbandate del convoglio. Particolarmente difficili sono state le azioni offensive contro la p.a., sia per la doppia cintura di protezione esistente intorno ad essa, sia per la errata direttrice d'attacco che ha annullato l'effetto della sorpresa. (Gli aerei hanno attaccato provenendo da sud, passando di prua al convoglio).

Un solo siluro ha colpito la p.a. senza causare alcun danno rilevante né menomarle l'efficienza (la p.a. è stata segnalata fra le navi danneggiate).

Per Copia Conforme

TABELLA   COMPARATIVA

Azioni contro	Aerosil/ti impiegati	Perdite	Rapporto fra navi affond. e apparecchi impiegati navi aff.!	%	Bombardieri impiegati	perdite	Rapporto tra navi affod. e apparecchi impiegati navi aff.!	%	Siluri lanciati	Siluri messi a segno	% dei siluri messi a segno
1°conv.	32	=	3	9,8%	158	8	6	4%	63	13	20 %
2°Conv.	56	4	9	16%	200	?	18	9%	60	20	33 %
3°conv.	136	17	20	14,5%	260	4	3	1,2%	250 circa	50circa	20 % cir

I tre convogli della tabella originale sono: primo il PQ.16, secondo il PQ.17, terzo il PQ.18.

BIBLIOGRAFIA

- B.B. Schofield, *The Russian Convoys*, Pan Brook, London & Sydney, 1971.

- David Woodward, *La tana della Tirpitz*, Mondadori, Milano, 1972.

- Edward P. Von Der Porten, *La fine della Marina tedesca*, Longanesi, Milano.

- Francesco Mattesini, *Il convoglio PQ.18 "Operazione EV". Un duello aeronavale finito alla pari nei mari della Groenlandia e Barents 3 – 21 Settembre 1942.*

- Francesco Mattesini, La Battaglia Aeronavale di Mezzo Agosto, Edizioni dell'Ateneo, Roma, 1986.

- Francesco Mattesini, *La battaglia aeronavale di mezzo agosto. Il contrasto delle forze italo-tedesche all'operazione britannica "Pedestal" 10-15 Agosto 1942*, RiStampa Edizioni, Agosto 2019.

- F.H. Hinsley e altri, *British Intelligence in the Second World War*, Volume II, HMSO, London, 1981.

- Harold Thiele, *Luftwaffe Aerial Torpedo Aircraft and Operations in World War Two*, Hikoki, England, 2004.

- *Home Fleet Destroyer Command War Diary, September 1942*, in Internet.

- Ian Campbell e Donald Macintyre, *Destinazione Cola*, Baldini & Castoldi, Milano, 1960.

- Kenneth Wynn, *U-Boat Operations of the Second World War*, Volume 1°, Chatham Publishing, London, 1998.

- Luftwaffe and Allied Air Force Discussion Forum, *Lost PQ18 September 1942* (robert); Luftwaffe Sig home page (Internet).

- National Archives, *Rescue Operations during PQ18*, del 18 September 1942, *ADM/758*.

- P.C. Smith, *Arctic Victory, The Story of Convoy PQ 18*, Crécy Books, UK, 1975.

- Richard Woodman, *Arctic Convoy 1941-1945*, John Murray, United Kingdom, 1994.

- Stato Maggiore Aeronautica Ufficio Storico, bozza dell'Ufficio Aerosiluranti di Superaereo del 20 maggio 1943, dall'oggetto *Azioni dell'Aviazione Germanica contro il traffico marittimo.*

- Stato Maggiore Aeronautica Ufficio Storico, *Ufficio del Colonnello R.A. presso l'OB.d.L. – Sezione Informazioni, Alcune notizie sulle azioni offensive effettuate dai tedeschi contro i convogli anglo-americani in navigazione nell'Oceano Glaciale Artico.*

- Supplement to "The London Gazette" del 13 October 1950, N. 39041, *Convoy to North Russia, 1942.*

- S.W. Roskill, *The War at Sea*, Volume II, HMSI, London, 1957.

- *The Luftwaffe and the War at Sea 1939-45. As Seen Bt Officiers of the Kriegsmarine and Luftwaffe*, Edito da David C. Isby, Chatham Publishing, London, 2005.

- Uboat.net, *Ship hit from Convoy PQ. 18 & QP.14* (Internet).

- WIKIPEDIA, Convogli PQ.19 e QP.14, in lingua italiana, inglese e tedesca.

- Whitley M.J., *Navi da battaglia tedesche*, Fratelli Melita Editori, La Spezia, 1993.

TITOLI GIÀ PUBBLICATI - TITLES ALREADY PUBLISHING

THE BATTLE OF ANZIO
OPERATION SHINGLE JANUARY-JUNE 1944

THE ALPINE TROOPS
IN THE ITALIAN SOCIAL REPUBLIC (R.S.I.)

THE TANKERS OF MUSSOLINI
ARMOURED GROUP "LEONESSA" FROM RSI TO RSI

THE SHERMAN MEDIUM TANK
IN THE EUROPEAN THEATER OF OPERATIONS

REPARTI BERSAGLIERI NELLA R.S.I.

LE CINGOLETTE BRITANNICHE
DELLA SECONDA GUERRA MONDIALE

I REPARTI CORAZZATI ITALIANI NEI BALCANI 1941 - 1945

MILIZIA DIFESA TERRITORIALE E GUARDIE CIVICHE NELL'O.Z.A.K. 1943 -1945

LE WAFFEN SS GERMANICHE SUL FRONTE ITALIANO.
LE DIVISIONI "REICHSFÜHRER" E "KARSTJÄGER"

AERONAUTICA NAZIONALE REPUBBLICANA A.N.R. 1943-1945

LE DIVISIONI DELL'E.N.R 1943 – 1945 VOLUME 1
1a DIVISIONE "ITALIA"
2a DIVISIONE "LITTORIO"

REPARTI CORAZZATI JUGOSLAVI 1940 -1945

LA DECISIONE DI MUSSOLINI DI OCCUPARE LA GRECIA

BARI 1943 LA SECONDA PEARL HARBOR
I BOMBARDAMENTI TEDESCHI SUI PORTI DELL'ITALIA MERIDIONALE

BRESLAU 1945
L'ULTIMO BASTIONE DEL REICH

DALLA SICILIA AL SENIO
LA STRAORDINARIA STORIA DEL TENENTE GIORGIO DE SANCTIS

LE CAMICIE NERE SUL FRONTE RUSSO 1941- 1943

LE ARTIGLIERIE DELLE FORZE ARMATE DELLA REPUBBLICA SOCIALE ITALIANA

DIAVOLI BIANCHI!
IL BATTAGLIONE ALPINI SCIATORI "MONTE CERVINO" 1941- 1943

IL GRUPPO DI COMBATTIMENTO LEGNANO

LA LANDSCHUTZ DEL LITORALE ADRIATICO

BAUTZEN 1945
L'ULTIMA VITTORIA DEL TERZO REICH

I REPARTI CORAZZATI DEL REGIO ESERCITO E L'ARMISTIZIO 1° VOLUME

I REPARTI CORAZZATI DEL REGIO ESERCITO E L'ARMISTIZIO 2° VOLUME

LE DIVISIONI DELL'E.N.R 1943 – 1945 VOLUME 2
3ª DIVISIONE "SAN MARCO"
4ª DIVISIONE "MONTEROSA"

ROAD TO ROME

IL GRUPPO CORAZZATO DEL "LEONCELLO"

I REPARTI CORAZZATI FINLANDESI

USAAF BOMBS ON ITALY

FOTORICORDI DI UN GIOVANE CARRISTA 1940-1943

SOLDIERSHOP
PUBLISHING
BOOKS TO COLLECT